慈禧与她的帝国

魏得胜 著

山西出版传媒集团　山西人民出版社

图书在版编目（CIP）数据

慈禧与她的帝国 / 魏得胜著 . -- 太原 : 山西人民出版社 , 2018.10
ISBN 978-7-203-10412-4

Ⅰ . ①慈⋯ Ⅱ . ①魏⋯ Ⅲ . ①西太后（1835-1908）—人物研究 Ⅳ .
① K827=52

中国版本图书馆 CIP 数据核字 (2018) 第 089837 号

慈禧与她的帝国

著　　者：魏得胜
责任编辑：张书剑
复　　审：贾　娟
终　　审：秦继华
装帧设计：八牛·设计

出 版 者：山西出版传媒集团·山西人民出版社
地　　址：太原市建设南路 21 号
邮　　编：030012
发行营销：0351-4922220　4955996　4956039　4922127（传真）
天猫官网：http://sxrmcbs.tmall.com　电话：0351-4922159
E－mail：sxskcb@163.com　发行部
　　　　　sxskcb@126.com　总编室
网　　址：www.sxskcb.com

经 销 者：山西出版传媒集团·山西人民出版社
承 印 厂：山东新华印务有限责任公司

开　　本：710mm×1000mm　1/16
印　　张：13.25
字　　数：196 千字
印　　数：1—5000 册
版　　次：2018 年 10 月　第 1 版
印　　次：2018 年 10 月　第 1 次印刷
书　　号：ISBN 978-7-203-10412-4
定　　价：42.00 元

目 录

第一章
北京看升旗

　　慈禧的历史机遇是，当她雄心勃勃地要施展自己的政治才华时，爱新觉罗氏——慈禧她丈夫的家族，恰恰已进入执政的疲倦期。爱新觉罗氏的后继无人，更为叶赫那拉一族的慈禧，提供了政治便利。所谓天时地利人和，全有了。接下来，就看慈禧怎么运作了。

一段春事易江山

春心动荷塘

又是一个荷花绽放的季节。不同的是，这一年圆明园里的荷花，要比往年繁盛得多。人走在荷塘边，抑或走在穿塘而过的小桥上，犹如掉进青纱帐，弯弯腰，就不见了人影。莲蓬初成，荷风送爽。这难得的好去处，因为常常吸引当今皇上奕詝，别的人也就只好敬而远之了。

这天午后，一觉醒来的奕詝，摇着一把折叠扇，晃晃悠悠就来到了荷塘边。百无聊赖的他刚刚伸了一个懒腰，耳畔就传来一阵美妙的歌声。他以为自己听错了，兜住耳朵再听，没错，是个女孩子在唱歌。他急忙顺着声音寻去，走着走着，就来到荷花深处。他刚看到女孩的半个头，来不及打招呼，那女孩子灵巧一闪，娇美的身影转瞬即逝，隐没在荷塘之中。奕詝是何许人也？此乃大清帝国一等寻花问柳的好手呀，在这么静谧的地方发现美女，焉有放过之理？

奕詝的风流，当然远远比不上他的祖先弘历。那家伙，一生之中，仅仅是南巡，就来了六回，他是一路走，一路风流，滥情得一塌糊涂。这都是弘历他老爸、他爷爷给他打了个好家底，国库充盈，他也就挥霍得起。奕詝就没有赶上这样的好时候，他这是什么年代呀？他当皇上前，就先来了一场使帝国大伤元气的鸦片战争；他登基为帝的当年，还没消停一下，洪秀全又来了，直弄得帝国鸡犬不宁。好在奕詝这个年轻人的心态还算不错，管他什么洪秀全白秀全，大清的天有中央政府里的那帮高级奴才们顶着，当皇上的不及时行乐，纯粹是傻瓜。

所以，奕詝追起女孩来，那真是毫不含糊，他业务熟呀。就在一个小亭子里，他追上了那个亭亭玉立的女孩。让奕詝大吃一惊的是，在整个圆明园里，还没有哪个女人如此打扮——大襟短袖淡荷色，蓝底裤子衬玉兰。这什么打扮呀？宫里的女人哪有这些行头？这简直是村气射人嘛。也正因为如此，眼前的女孩给奕詝留下终生不灭的印象，此时此刻，也深深地打动了大清的这位青年皇帝。风流皇帝恨不得现在就把女孩揽入怀中，然而他是皇帝，这一点他还算自知。再说，侍从们就在屁股后面侍驾，就是猴急也得有个分寸。

电视剧《康熙王朝》有个镜头，在蒙古大草原上，玄烨和一个蒙古女孩追逐嬉戏，情浓雨稠，他们双双倒在草地里——这时，侍从当即拉起一圈黄色的帷幔，给皇帝搭建了一个临幸的场所。你完全可以把这理解为满族人的性风俗，讲求的是情至欲尽。但我总觉得，奕詝再风流，似乎在性问题上，比他的祖宗们保守些。这结果，应该缘于满族人的被汉化。汉人在性问题上就特别保守，伪君子、卫道士这些词，实际都是汉人先驱谩骂假正经们的经典性语言。奕詝在荷塘里看到让他心动的女孩，没立即行动，就属于假正经范畴。他近前问那女孩："刚才是你唱歌吗？唱的是什么？你怎么会唱宫外的歌？"一连问了很多问题。

那女孩赶紧施礼，说自己太鲁莽，冲撞了主子。这个女孩，就是本书的主角儿——慈禧。当然了，眼下的这个女孩还不叫慈禧，她叫叶赫那拉·杏贞。1861年，杏贞的儿子载淳做了皇帝后，有生以来她得到的第一个徽号即为"慈禧"。从此，这个名字便伴其终生。为便于叙述，本书皆以杏贞的第一个徽号"慈禧"为其名，并贯穿始终。

当下（1852年）的慈禧，刚刚十八岁，可谓如花似玉的好年龄。其时的慈禧，被选入宫未几。说到这里，我们有必要交代一下皇帝的妻妾。不然读者会产生误会，说慈禧既然是奕詝的宫眷，他怎么会不认识呢？这要先从皇帝的妻妾等级及数量说起。

　　清代的皇帝，其妻仅有一位，那就是皇后，余者皆为妾，或曰姨太太。妻妾姨太太之类，那是民间的叫法，到了等级森严的皇宫，妻就有了一个代表帝国尊严的称号——皇后；妾也因此有了等级，以区别于民间，依次为皇贵妃（首席姬妾，一人）、贵妃（两人）、妃（四人）、嫔（六人），还有人数不定的贵人、常在、答应和宫女若干。严格说来，宫女还不算是妾，只是妾的后备军。皇帝哪天高兴，又碰巧宠幸了某个宫女，她才有资格升为答应，或更高一级。一切就看宫女个人的造化。终其一生未被皇帝临幸过的宫女，成千上万。而能升格为妾的，更是凤毛麟角。你想，后宫有多少正式的妻妾围着皇帝转呀，别说是宫女，就是常在和答应这些有妾之身份的女人，也不是随时可以得到皇帝的临幸的，甚至一年半载也得不到一次这样的机会。这还得说是皇帝自己当家，如果皇帝头上有位皇太后，那么除了皇后以外，任何妃嫔要想和皇帝过夜，没有皇太后的恩准是万万不可以的。总体来说，清宫女人的数量，比起此前各朝各代的宫眷，那真不知要少多少，甚至可以说是不可同日而语。这一度被学界当作历史的进步，加以赞许。

　　清宫以前的女人数量，这里不予赘述。我们从奕詝说起，他的妻妾有案可查者仅为十五人。这比起隋唐后宫女眷动辄上万的数量来说，清帝国在这一方面真的是进步多了。尽管如此，奕詝是不缺女人的，除非他不想要，否则没有人可以阻挡他的欲求。但我们说，在皇帝妻妾成群的情况下，一个级别很低的妾，要想超凡脱俗，引起皇帝的注意，那可就太难了。以贵人一级的慈禧而言，就算她是贵人、常在、答应、宫女队伍里的领班，她的前面也还有一个妻和十三个高级别的妾呀。女人谁不想把丈夫羁绊在自己眼皮子底下？谁肯拱手相让？再者说，后宫等级森严，一个贵人焉敢展翅去争风吃醋？说得不客气点，她还没有那个资格。皇后是后宫一把手，皇贵妃是其助理，别说这两位主儿你得罪不起，就是嫔妃也不是好惹的，身份都在那里摆着呢，岂容低级妾僭越。还有一个因素，奕詝多年轻呀？他的那些有名分的妻妾全是情窦初开的主儿，正是个个拿色当饭的年龄，奕詝一人对付这十几位，就够他受的了，他哪还有精力去临幸贵人及其以下的小妾？更何况，慈禧进宫才几时呀，哪有那么好的运气撞上门？说穿了，一切还得靠自己去争取，靠自己去创造条件。

也别说，慈禧还真是个人物，她这不就来了吗？这实在是个有心机的女孩，她见天盯着奕䜣的行踪，当她发现奕䜣的行动规律后，就在这天的下午，提前跑到荷塘里等着去了。她把自己当作鱼饵，抛向荷塘，等大清帝国的皇帝前来咬钩。奕䜣上钩了，他轻轻抚摸了慈禧一把，慈禧就顺势半依半躺在奕䜣怀里。柳眼梅腮，已觉春心动。奕䜣已是急不可待，便把整个人给抱了起来，然后走向近前的一座亭子。那些随身侍从见状，立即退避三舍。过了好长时间，从那座凉亭里传来慈禧的歌声，那是一首委婉动听的南方流行歌曲，它回荡在整个荷塘里，让奕䜣从此难以割舍，尤其难以割舍唱那首歌的慈禧。

奕䜣哪里知道，就是荷塘里的这一段春事，改写了一个小女子的命运，也改写了爱新觉罗家族的历史。就从这一刻起，爱新觉罗氏的江山，正悄悄易手叶赫那拉氏。

爱叶情仇

爱新觉罗与叶赫那拉又是怎么回事呢？这是两个家族之间的一段陈年旧账，可追溯到明初。13世纪金帝国灭亡后，女真一族是国亡山河在，依旧生活在祖先留下的土地上，即今天的中国东北地区。

中国的塞北民族有个很大的特点，就是部落林立，大部落套着小部落，这就像俄罗斯的共和国里套着若干小共和国一样，很容易给人造成阅读与认知上的困难。就拿女真部落来说，明初的时候，它实际由三大部落组成，即建州女真、海西女真[1]、野人。海西女真本身又由四个部落组成，其中叶赫部落与那拉部落，都是其家族成员。大部落之间战争不断，小部落之间同样也是战争不断。在叶赫部与那拉部的战争中，叶赫部占了上风，灭了那拉部，

---

[1]　该部位于长白山地区，与朝鲜比邻，被视为满族的发祥地。

合称叶赫那拉部落。这样一来，叶赫那拉就成了海西部落的老大，进而代表海西，与其他部落争锋。

在女真的三大部落中，建州部落为最大，其领袖人物为爱新觉罗·努尔哈赤。假如海西部落与建州部落发生冲突，那就等同于叶赫那拉部落挑战爱新觉罗部落了。结果，叶赫那拉部落真就与爱新觉罗部落干了起来。叶赫那拉氏最后打败了爱新觉罗氏，成为当时东北最大的一支女真部落。时光转换，叶赫那拉氏终被爱新觉罗氏所灭，女真族的这两个大姓从此成为世仇。因为努尔哈赤对叶赫那拉的屠杀极为残酷，叶赫那拉部落的酋长死前曾发誓说："我们纵使只剩下一个女子，也要复仇。"

当然，叶赫那拉部落再惨，也不可能只剩下一个女子。这种语言表达，只是一种决心性质的。叶赫那拉部最后剩下多少人不得而知，我们所知道的是，三百年后，叶赫那拉氏出了一位能干的女人，她按照既定计划，完成了其部落酋长的遗言，为叶赫那拉报了仇，雪了恨，努尔哈赤的子孙，被她的复仇之手——埋葬。她就是慈禧。

贵人回娘家

我们不知道慈禧有怎样的闺房技巧，把奕䜣摆弄得服服帖帖，甚至一刻都离不开她的样子。频繁的房事，并没有即刻解决皇储继承人的问题，直到1856年4月，慈禧才为奕䜣生下一个儿子，这个孩子就是载淳，即后来的短命皇帝同治。但这也颇为不同凡响，奕䜣毕竟有那么多的妻妾，只有慈禧为他生下龙子（一位徐贵人也为奕䜣生下一个儿子，但未及起名就夭折了。此后的奕䜣再无生育）。慈禧为皇帝生了儿子，立刻身价百倍，加上她又会讨皇太后的欢心，所以不久就升为贵妃。从此，慈禧成为圆明园里的一颗明星。转过年，二十二岁的慈禧，即获得一个尊号，叫作懿贵妃。"懿"的意思是贤德，可后来的清宫上下，着实体验到了慈禧之贤德的厉害。这是后话，放下不提。

留下笔墨，我们来说说慈禧回家的一段趣闻。1857 年 1 月，慈禧生下儿子九个月后，经皇帝恩准后回家探亲。据说，这是慈禧被选入宫后，第一次回家省亲。一大清早，太监们前来告知慈禧的父母，说懿贵妃将于中午时分归家省亲。慈禧的家人邻居得知后，莫不引以为荣，个个奔走相告，欢喜不已。

慈禧家住北京城内的锡拉胡同，皇家的轿子还没到，邻居们就已经把街巷挤得水泄不通。突然有人喊道："到了到了，我看见黄轿子了！"果然，就看见了开道的兵丁和前呼后应的太监。一见这阵势，看热闹的人立刻闪到路两边，现场一片肃静。这时，慈禧的母亲率家人已分立院子两侧迎驾。其家人除其母及长辈外，统统跪迎慈禧。皇轿进入院内后，太监们恭请懿贵妃下轿。慈禧满足地看了一眼跪在地下的亲人，又满含热泪地看了眼母亲。随后，慈禧进入屋内，宴席之上，她为上座，其母为下座，以示慈禧为皇子之母的尊贵。倒是在席间，慈禧又恢复了她谈笑无忌的开朗本性。她把家里人的情况逐一问了个遍，家里人也把她的情况问了个遍。彼此之间，都不免掉了几滴伤春怀秋的眼泪。

一月恰是夜长昼短的时节，欢宴很快就到了傍晚时分。带队的太监说，时候不早了，该启程回宫了，慈禧这才与家人惜别。临走的时候，她把带来的礼物，一一分赐给家人，随之满含泪水地上了轿。不大会儿，皇家的轿子就隐没在夜幕里。慈禧的一家，落寞地站在锡拉胡同巷口，久久不愿离去。

此后的慈禧，再也没有回过锡拉胡同。倒是她的母亲，常常进宫探视。

📖 皇帝的本名、庙号与谥号

在中国两千多年的帝制史上，出现过几百个皇帝。通常情况下，皇帝人人享有一个庙号，如太宗、高宗之类，实际也就是某个皇帝死后的谥号。因为是个皇帝就有庙号，各朝之间就不免重复和混乱。历史学家在叙述这些皇帝的时候，往往前缀朝代以示区别，如唐高宗李治、宋高宗赵构、清高宗爱新觉罗·弘历。每个皇帝至少还有一个年号，有的皇帝，一年一个年号，乃至一年两个年号。写历史的人，一会儿是皇帝的庙号，一会儿是皇帝的年号，一会儿是其名，读历史的人很容易有云遮雾罩之感。比如我现在写到的清史，满族人入关后的十个皇帝，也是年号、庙号一个都不少。一个有趣的现象是，历朝历代的皇帝，大都是以其庙号响彻中国历史，恰恰只有清朝的皇帝，无一例外地以他们的年号彪炳史册，如清初的康熙、乾隆，再如清末的光绪，这些年号早已盖过了他们的本名玄烨、弘历、载湉。但本书仍统一以皇帝的本名出现，如果读者想知道奕詝等清帝国皇帝们的年号和庙号，可直接到本书附表中去查对。

📖答应

明清时对近侍太监和宫女的统称，但传统习惯，多指地位最低的宫女。紫禁城里的答应，大都出身北京及近郊清白之家。初选入宫时，这些女孩在九至十四岁之间。绝大多数宫女在使婢生涯中度过青春，中年以后，有的被许配给某个宦官作伴，有的则被送到紫禁城的西北角养老打杂。宫女们经过这可悲可叹的一生，最后老病而死，还不许家属领取尸体。她们的尸体火化后，埋葬在没有标记的坟墓里。

君君臣臣不见了

总督躲猫猫

前面我们曾经简略地提到过奕䜣所处的社会背景。不过这里重点强调的是，清帝国君臣们的无知与自大。鸦片战争之前，西方就已经以资本为其主义了，尤其英国，基本靠海外贸易生存，他们远渡重洋来到清国，目的就是通商赚钱。愚昧的清帝国那是绝对的自大狂，以为这世上只有自己才是唯一，对于英国使节提出的通商要求，断然拒绝。英国使节带着大礼，来了一回又一回，当他们第二回被拒绝的时候，就心生恼意：没有这么玩的，你不答应通商我就打，看你干不干。英国人也真霸道得很，找到借口就跟清帝国干上了。结果，清国被轻而易举地拿下，两国这才通起商来。1840年的这场战争，其实纯粹因贸易而起。

仗打完了，《南京条约》也签订了，就开始做买卖吧。一路下去，就这么相安无事地走了十多年。可是，鸦片战争并没有把清帝国君臣从梦中打醒，他们依旧浑浑噩噩、自以为是。那么大的一场战争，多么刻骨铭心呀，可清政府打完就打完了，他们并没有从这场战争中给自己的国家战略构筑一个新的方向，甚至连最起码的外交机构都没有设立。我们无法想象，一个国家的土地上拥有那么多的外国人，甚至还有那么多的外国驻军，却没有一个外事机构来处理相关问题。倘若不是清帝国君臣的脑袋统统被驴踢了，那么就是他们故意找抽。也别说，清帝国还真有这么一个外交官，负责处理相关事务，他就是两广总督叶名琛。

奇怪吧，清政府的外交事务，不在中央所在地的北京处理，而交由两广总督负责。自然，外国驻清国使节，也就只好住在广州。皇帝的意图很明显，把外国人推得越远越好。这倒也罢了，外交权交给谁，谁就好好行使职权呗。不，若尽职尽责了，那就不是清政府的官员了。清政府的官员只有两种例外是尽职尽责的，那就是侍奉皇权或顶头上司，再就是贪污。除此之外，尤其是对下对外，哪怕是他们分内的事，倘若主动了，仿佛大逆不道一样。习惯成自然所致，叶名琛身为清政府外交全权大使，竟然与各国外交官玩起了躲猫猫。也就是说，在他的任上，还没有哪个外国公使见过他。清国与诸国的关系，虽然有条约在那里框着，但毕竟人是活的，条约是死的，总有新的问题、新的事物，需要及时沟通，以免产生重大的外交冲突。比如英法两国公使，就不断地提出要见一见叶名琛，目的是就修约事宜举行谈判。叶名琛照例不予相见，以此显示他的尊贵和对皇帝的忠贞。

我们注意到，法国驻华公使布尔隆，自1852年到清国，再到1855年回国，四年之间，屡次求见叶名琛，竟连一回信都没见到。美国驻华公使史派克在1846—1848年和1850—1852年间，两度出使清帝国，前后共六年，也从没见过叶名琛。后来，接替史派克的新任公使马歇尔于1852年到职，请叶名琛指定一个日期，以便他呈递国书，可直到他于1854年离任，也是连个回信都没有得到。我们说，叶名琛这个腐败而冥顽不化的老官僚，其躲猫猫的技巧可谓出神入化。

这也让英法两国公使意识到，跟叶名琛躲猫猫，完全是白费时间。于是，他们一齐北上，到了天津，直接向清政府提出，准许两国使节进驻北京，再准许开放天津，使之成为跟广州一样的通商港口。皇帝奕詝看到报告后，气得两手发抖："这些蛮夷，朕开恩让他们驻在广州，已经是破坏祖制了，他们竟然得寸进尺，还要住到北京来，荒谬！真是荒谬绝顶！"可以想见，英法两国公使会得到怎样的答复。

换种玩法

英法两国公使进驻北京的要求被拒绝，他们意识到，跟东道主玩躲猫猫的游戏，他们永远是输家。英法两国决定换种玩法，即改用武力达到他们想要达到的目的。这就像日军当年发动的侵华战争一样，须为自己的非法行动找到一个借口才行。很快，英法两国都找到了他们的借口。

先说英国。

1856 年，广东巡逻艇在珠江口，截获一艘名叫"亚罗"号的船只，并逮捕了船上的十二个清国人。说起来，这艘船的背景还有点复杂，它虽然为清国人所有，但在香港注册。我们不要忘了 1842 年清帝国与英国签订的《南京条约》，其中一条，便是清国割让香港全部主权于英国。既然香港主权属于英国，自然在香港注册的船只，其行政管辖权归港亦归英。更为重要的是，"亚罗"号上还挂着英国国旗。广东巡逻艇上的水兵，压根儿就不知道国旗的意义（其时的清帝国尚无国旗文化），因此，上去就把"亚罗"号上的英国国旗拔下，丢进大海里。可见在广东水兵的潜意识里，旗帜还是具有一定代表性的，不然他也就不会有此举动。恰恰广东水兵潜意识带动之下的举动，激怒了英国领事巴夏礼，他认为这是对英国的挑衅，于是照会叶名琛，必须书面道歉，并要求立即释放那十二个清国人。不知出于怎样的考虑，叶名琛很痛快地释放了那十二个清国人，但拒绝道歉。

西方文明，很看重口头的或是书面的道歉，哪怕是人类历史上的大屠杀，受害方得到加害方一个道歉，都会倍加欣慰。清国人显然没有这样的文化，他们拒绝道歉倒不是不想道歉，而是没有道歉的意识。叶名琛的不道歉，更加显示了清帝国官员在外交方面的无知无畏。英国人看待道歉，就像清国人看待觐见皇帝的礼节（如双腿跪地、九叩十八拜之类）一样重要。哦，不道歉呀，正好找个机会哩，不道歉就打吧，看你往哪儿躲！于是，英舰开始炮击广州。广州市民哪知这其中的缘由呀，反正你打我了，我也必须以牙还牙！

就这样，一把火把英国商馆给烧了。广州沸腾了，情绪激动的市民在大街上跑来跑去；通衢间巷，到处弥漫着"杀尽蛮夷，不留一人"的怒火。

紧接着，法国也找到了借口。同为 1856 年，法国籍天主教神父马赖在广西西北部荒僻的西林县，被当地政府官员当作江洋大盗斩首。1857 年，法国会同英国，共同向叶名琛提出最后通牒，要求十日内举行谈判，否则将对广州发动全面进攻。叶名琛依旧用躲猫猫的方式，敷衍英法联军的最后通牒。十日期限到了，叶名琛无动于衷，英法联军随即发起进攻，广州陷落，叶名琛被捕，并被英军送到印度囚禁。次年，叶名琛在惊恐与羞辱中，离开人世。我想，这也倒是一个腐败官僚应有的下场。

英法联军攻打广州，固然罪不容恕。可倘若不是叶名琛们误国，又何至于此呢？我们如果一味指责英法联军，而不反思自己所存在的过失，十年后会犯同样的错误，五十年、一百年后，依旧会犯相同的错误。1857 年，就在英法联军向叶名琛发出最后通牒的时候，很大程度上还是要谈判，他们渴望通过这种方式实现他们最初的目标，即开放天津口岸，以及到北京开使馆。叶名琛一意孤行，给自己招来横祸，更给广州人民带来灾难，且授以英法联军攻打天津的口实——当英国人在广州的商馆被烧、百姓狂喊"杀尽蛮夷，不留一人"的时候，这口实尤其站得住脚。相关消息传回英国国内，舆论之激昂，也就不难想象。

清政府玩砸了

你不要以为在整个清帝国官僚系统中，只有一个叶名琛会玩躲猫猫的游戏，其实帝国上上下下的官僚，全都熟透了这种低级把戏。甚至可以说，这种伎俩正是他们赖以纵横官场的资本。叶名琛跟英法两国玩这种古老的游戏，玩砸了，可谓搬起石头砸自己的脚。可清政府并未从中汲取教训，依旧跟英法玩躲猫猫的游戏。怎么样呢？看看故事的开头，就知道故事的结尾。

1858 年，英法联军的舰队北上，二话不说，上来就打。大沽陷落，天津危在旦夕。清政府一看，蛮夷这是要玩真的呀，咱也不能含糊，还给他来假的吧。二十八岁的奕䜣皇帝就派了朝中大臣桂良，到天津跟随军而来的英法公使去继续躲猫猫的游戏。我们在这里说是奕䜣如何如何，其实这些天才的想法，都是奕䜣身后的那个小女人之所为，她就是二十四岁的懿贵妃慈禧。奕䜣的全部兴趣在女人身上，其次是吸毒。慈禧恰恰相反，她特别喜欢权力。这倒不是说她生性如此，而是说这是人性的重要组成部分。这世上的绝大多数人，一旦与权力结缘，或靠近权力，就往往难以把持，蠢蠢欲动。尤其当权力缺乏制约的时候，更是如此。

事实上，慈禧这个小女人，她十八岁的时候，就已经开始染指政治了。这首先取决于她在入宫未几，就已经成功俘获了奕䜣帝的心。这除了说明慈禧长得漂亮外，同时还说明，老天赋予她一颗善于钻营的心。当奕䜣那颗色眯眯的心，遭遇慈禧那颗钻营的心，权力的重心发生逆转和偏移，那一切就在情理之中了。奕䜣时代的文本，我们很少看到慈禧的身影，并不代表帝国政策没有她的影响在里面。这个时候的慈禧，还只是一个政治学徒工，即便是后奕䜣时代，她也只是一个政治见习生。不同的是，一般的政治人物做见习生时，从告密栽赃到拍马溜须开始；慈禧做政治见习生的起点可就太高了，她从宫廷政变开始。我们不得不承认她是个人物，因为她做小女人的时候，就已经表现出了非凡的龌龊政治天才。在专制社会，非此不能走向政治巅峰。

让我们暂且放下慈禧的事，继续回到英法联军进逼天津的话题上来，看看清政府是怎么玩躲猫猫的，他们又是怎么玩砸的。到天津跟英法公使谈判的桂良，用推、拖、打哈哈的方式，敷衍对方。英法公使把头摇得快要掉下来了，他们一百个不同意按照清政府的游戏规则办事，他们说，要么答应以前的换约条件，要么我们攻入北京，直接找你们的皇帝谈判。桂良不敢怠慢，赶紧向北京汇报。最终敲定这么一个思路：新的条约可以签订，以此把英法联军打发走。至于后面的事，还不是事在人为，什么条约，我承认它，它是条约；我不承认它，它就是破纸一张。落在纸上的是一回事，实际干的又是一回事。

桂良在报告中还表示，出了问题，中央政府就说我办事不力，对外声称必将严加治罪，不就一了百了了。真实的情况，蛮夷知道个屁。慈禧看了桂良的报告，不住地称赞："桂良太有才了！"奕䜣一听，就知道美人认可了桂良的计划，于是照准。这是吸毒犯与美女共同完成的一步政治大棋。不过，这才是整盘棋的一个开始，后面的戏，大有看头。

桂良得到清政府的命令，不管三七二十一，就在《天津条约》上签了字。等英法联军舰队一走，奕䜣迅速下令，重建大沽炮台，指派亲王僧格林沁[1]率领他的精锐兵团，沿海布防。清政府上上下下一定都在偷着乐，嘲笑蛮夷这些大个儿萝卜缺乏他们那样的心机与政治智慧。而这些烂招儿，也一向被清政府自美为"驾驭复杂的国际局势"的能力。

《天津条约》中有一条，说待双方政府批准该条约后，1859 年在北京换约。之后，该条约才算正式生效，成为具有约束力的法律文件。这样叙述，当然是站在英国的角度而言，也是当时的国际原则。但那时的清政府，仍徘徊在自己营造的所谓"天朝"国里。当时，庆王的四女儿就曾经问海外归来的满族姑娘德龄这么一个问题，她说："难道英国也有国王吗？我一直想太后是全世界的女皇。"所以，我们切莫高估了 19 世纪 50 年代的清政府，他们的思维方式，实在不敢让人恭维。

1859 年，换约时间到了，英法两国公使如期而至。可令他们想不到的是，清政府告知他们，大沽已经成为军事重地，他们乘坐的军舰不可以在此停泊。两国公使低估了清政府的警告，他们决定强行在大沽登陆。大沽的清军也不含糊，警告无效就开炮惩罚。英法舰队被打蒙了，心想不按套路出牌呀。事出紧急，那就应战吧。美国军舰也一时傻在了那里，这怎么说？没有任何前兆，怎么说打就打起来了？因为地缘关系，美国舰队不想袖手旁观，于是也在仓促之中，加入作战，以帮助处于弱势的英法舰队。然而，仍未能挽回英法联军的败局，最终以英法军舰沉没四艘、重伤六艘的结果，结束这场突如其来的战事。

站在清帝国的角度，如果说鸦片战争玩输了，那么毫无疑问，大沽一战就算是玩赢了。风流皇帝奕䜣和小女人慈禧相拥相庆：我们赢了！我们赢了！

---

[1] 僧格林沁（1811—1865），自幼在清宫长大的蒙古人，清朝大臣，1855 年晋封亲王。1865 年在山东曹州被捻军斩杀。

清政府各级官员和知识界弹冠相庆：我大清有救了！我大清有救了！

我们当然知道清政府上下高兴得太早了，因为我们是读史者。站在今天的角度回看清政府当时的心态，实在觉得他们愚蠢至极。但处在当时的清国人，并没有意识到他们犯了一个致命的错误，那就是横挑强邻。这个强邻如果说远在海外，你挑动了人家的利益和价值观，你还有个准备的机会。问题是，这些强邻的军队，就住在你的院子里，他们反击起来易如反掌，到时你拿什么来招架？这不是清政府考虑的问题，他们想的是现在赢了就行了，现在痛快就爽了。

1860 年 8 月下旬，清政府的短视及背信行为，很快招致英法联军的报复，他们卷土重来、有备而来，以绝对的优势摧毁大沽炮台，军队随即登陆，并攻陷天津（英法两国政府分别任命额尔金和葛罗为全权代表，率英军一万五千余人、法军约七千人，展开这次规模巨大的军事行动）。未几，英国女王维多利亚的国书译文，呈到三十岁的奕詝帝面前。我们为什么要在此强调奕詝的年龄呢？意在提醒读者注意，这位无知无畏的风流皇帝，死于三十一岁。也就是说，再过一年他就得退出历史舞台了。可眼下这位国主不知死期将至，依旧花天酒地、吃喝嫖赌，依旧不知天高地厚。他接过维多利亚女王的国书，当他看到蛮夷女人也竟敢在自己面前自称"朕"的时候，劈头盖脸就是一阵冷笑，进而在一旁批注道："夜郎自大。"随即下令僧格林沁：迎头痛击英法联军，把丑类全部歼灭干净！

《天津条约》的主要内容

一、英法两国派遣使节驻扎北京，清国派遣使节驻扎伦敦、巴黎。

二、开辟辽宁营口、山东烟台、台湾台北和台南、广东汕头、海南琼山为通商港口。

三、清国赔偿英法军费银币六百万两。

四、英法商船可自由航行于清国内河。

帝王城上竖降旗

恭亲王的杰作

天津失陷了，奕訢一边派僧格林沁前去消灭丑类，一边急派桂良等到天津议和。英法两国提出，清政府除必须全部接受《天津条约》外，还要增开天津为通商口岸，增加赔款以及各带兵千人进京换约。奕訢认为，一切丧权辱国的条件都不丢人，最最丢人的是允许洋鬼子踏上北京的土地，无论是外国使节来此居住，还是带兵前来换约，都是奇耻大辱。因此，谈判破裂，英法联军进而从天津向北京发起进攻。

奕訢感到了压力，他取消了桂良谈判代表的资格，另派怡亲王载垣、兵部尚书穆荫，到通州议和。双方依旧是各执己见，谈判也再次破裂。1860年9月18日，英法联军攻陷通州，并继续向北京方向推进。三天后，清军与英法联军在八里桥展开激战。可笑的是，奕訢派去消灭丑类的统帅僧格林沁却率先落荒而逃。八里桥一战，清军也由此惨败。

八里桥的重要性就在于，它是由通州入京的咽喉之地，距北京十多公里。八里桥一失守，北京等于沦陷。在此危急时刻，奕訢只好声明接受《天津条约》。然而，就在准备要签字的时候，英国代表巴夏礼提出新的条件，即条约批准后进入换约程序时，所有的国书都要由使节亲自呈送给国家元首。这在今天看来，是再普通不过的一个外交礼节了，但奕訢坚持认为，这是辱没祖宗的奇耻大辱。清政府高层上上下下横竖算不过这笔账来，国可丢，土可失，祖制就是不可更！他们的观点是，你蛮夷外交官多大的脑袋，竟然提出与我们的皇帝陛下面对面，这简直比使节进驻北京的要求更使奕䜣不能接受，他暴跳如雷："这些蛮夷竟敢如此无礼，天朝皇帝是他们想见就能见的吗？"

奕䜣也就是在皇宫里跳跳脚，面对英法的军事压力，他还得走谈判之路。在清帝国的谈判团队中，奕䜣的异母弟弟恭亲王奕䜣，是最年轻的一位，仅二十八岁。这个年龄，倘没有非凡的才华，是不可能加入这么重要的谈判中来的。但帝国制度不允许执政者做这样的思考，千百年来形成并完善的宗法制告诉人们，对于皇族来讲，家就是国，国就是家。因此在处理任何问题时，都可以从家的角度出发。皇室男性成员，登上大宝的为帝，此外的为王。帝王系统的建立，就这么简单。王不分年龄大小，有了这个辈分（爵位），就成了爷。小的叫小王爷，壮年的叫王爷，老的叫老王爷。王沾上一个"爷"字，仿佛连智慧都有了，奕䜣这才有资格代表帝国，走向谈判桌。

奕䜣也一定会这么想，与外国人谈判，这是我们家的事，我们家的人不参加说不过去。其实，重要的谈判，派皇家的人去，作为一种政治姿态，是无可厚非的。关键就是说，去可以，但如果要主导谈判，恐怕于事无补。二十八岁的毛头小伙子，知道个啥？奕䜣以为，他是王爷，自然就无所不能，智商也自然比别人高了。所以，干起事来，就显得特别有恃无恐。在谈判过程中，奕䜣发现谈判之所以不顺利，原因就出在巴夏礼身上。何以见得？因为巴夏礼会讲汉话，无论什么事，清国谈判代表很难在他面前糊弄过关。奕䜣想当然地认为，只要把英法联军的灵魂人物巴夏礼这颗钉子给拔除了，一切也就迎刃而解了。于是，他就茫然而动，下令逮捕了巴夏礼及其随从人员（共三十九人）。这是现代外交的大忌，结果奕䜣的愚蠢举动，铸下大错，为清帝国，同时也为他的爱新觉罗家族之墓，开掘出第一锨土。

关于巴夏礼等被捕的事，《纽约时报》（1860年10月9日）记载得较为详尽。这是西方人自己的视角，或不免主观。但以我的判断，《英国领事巴夏礼被囚记》[1]一文，仍不失为一个参照，起码它道出了一个基本事实。下面是其原文：

巴夏礼等三名英国俘虏，被清军押解着向北京方向前进，来到一条小沟渠的旁边。这时，对面方向有一队清军迎面而来。一位大清的军官骑在马上，大声招呼俘虏们过去。巴夏礼很快发现其中有一个人，他就是清军统帅僧格林沁。

僧格林沁向他们冲了过来，同时，巴夏礼和洛奇被粗暴地抓了起来，他们被推搡到僧格林沁面前，并被强迫在僧格林沁面前跪下。僧格林沁询问了他们的姓名和军阶。当巴夏礼说出了自己的名字时，这位蒙古王公看上去非常苛刻，样子非常凶恶。僧王对巴夏礼发出了最粗野的辱骂，说现在清国与英法之间正发生着的事件，都源于巴夏礼该死的邪恶影响，他应该对所有已发生的争端和不幸负担全部责任。僧王并且暴跳如雷地对巴夏礼吼道："既然现在你已经被抓到了，就要受尽折磨，以偿其罪。"

有紧急军情，僧王即策马而去。而巴夏礼、洛奇和其他印度兵们则依次被带到一所帐篷，在里面他们的手脚都被捆绑了起来，双手都被反扭到身后，用绳索把肘关节和腕关节捆了个结结实实。

先前，当僧格林沁辱骂可怜的巴夏礼时，站在边上的清兵就狠劲儿敲巴夏礼的头，以此来强调他们王爷所说的话，并且每当巴夏礼试图开口说话时，就被强迫制止。这时，洛奇的处境甚至比他的同伴还糟，那些人抓住他的胡须和头发，把他的头拖到地上，让他的头在僧格林沁坐骑下的尘埃中蹭来蹭去。

在这所帐篷里被关押了一段时间后，他们被告知僧格林沁已决定把他们当作战争罪犯，移交给恭亲王。于是，他们三人被全部装进一辆马车里，穿过通州，沿着通往北京的大路上，行驶了好一段

---

[1] 郑曦原编：《帝国的回忆》，生活·读书·新知三联书店，2001年版。

距离。然而，恭亲王的确切地址没有找到，于是只好又撤回了大约三四英里，被带到一个高阶官吏面前。巴夏礼作为他们三人中唯一懂汉语的人，自然而然地成为他们三人的发言人。但他们全部，特别是这两位英国人，又再一次受到了残忍的、羞辱性的对待，正像他们在僧格林沁面前受到的一样。这位清国官吏以每种可能的方式凌辱巴夏礼。巴夏礼本人终于失去了最后的耐心，他告诉洛奇说，必须假装昏厥才可能避免进一步的拷问和虐待。诡计幸运地成功了，战犯们得到了短暂的休息。但好景不长，他们很快又被重新带回到那位官吏面前，而这通训斥变得更加狂暴，围在他们身旁的人群也变得如此凶恶，谁也未站出来制止暴行。

正当清国人忙于虐待他们时，人群突然爆发一阵骚动……有一辆大马车快速地驶了过来，他们和印度兵一同被甩进车里，后面跟着两名军官，一行人沿着通往北京的方向小跑。

出发时间在下午两三点钟，日落时分才抵达北京。路途上，他们受尽了折磨：他们的手脚被绳子紧紧地绑在一起，被迫躺在非常狭窄而难以忍受的位置。同时，马车的车身没有减震弹簧，一路上，马车沿着凹凸不平的路面颠簸而行，不时引起全身各个关节的剧痛。

到达北京后，他们立即被送往刑部监狱。这是北京城内最最重要的监狱。然后就给他们戴上一副沉重的镣铐，投入到一间关有各色各样罪犯的牢房。这间牢房内至少关了七十二个人，而现在他自己就是其中一员。洛奇被投入到另一间关押着五十五名囚犯的牢房内。那位可怜的印度人和其他人一样，也被戴上沉重镣铐投入牢房。第四天，他接受了恒祺[1]的访问，恒祺说他来此是向巴夏礼处于不幸的境况表示慰问的，并且他努力想证明巴夏礼的不幸是咎由自取。

两天之后，他又来了，但说话口气全变了。他说，恭亲王非

---

[1]　恒祺在1854—1858年间，多次受命接管粤海关税务。他任粤海关监督时，与巴夏礼打过交道，有些交情。巴夏礼被囚期间，恒祺负责照料并联络有关事宜。

常希望讲和，同样希望向巴夏礼表示友好。为此，他非常渴望巴夏礼能给额尔金勋爵写封信，同时也让额尔金勋爵知道巴夏礼情况很好，很愉快，并受到了清方的良好对待。他进一步建议，如果巴夏礼能在信中写上亲王是位易于打交道的大好人、一位文明的政治家，亲王肯定会感到满意的，并且这也可能成为改善目前处境的一个途径。

巴夏礼告诉他说，他无缘结识亲王本人，因此很不幸，他不能说亲王是恒祺所描述的那种人，尽管他毫不怀疑恒祺所说的一切都千真万确。至于他本人，鉴于他自己既不愉快也没获得良好的对待，他当然不愿谎说自己愉快并受到良好的对待。

对此，恒祺回答说，亲王刚刚得知巴夏礼受到了怎样的对待，并命令立即解除镣铐，不得有丝毫拖延。巴夏礼说仅仅这样做是不够的，亲王应该寻求最佳途径，同时也是最聪明的办法，应当立即释放他和洛奇，因为他们本来就是被错误监禁的。但如果亲王不准备这样做，也应该让他们离开监狱并让他们享受到适当的膳宿。

恒祺说保证会满足他的要求，但只对他一个人，至于洛奇同时被释放是不可能的，多想也无益。巴夏礼说，鉴于洛奇和他是同时被抓的，因此他们必须同时被释放，否则不会从他身上得到任何写给额尔金勋爵的信件。

很快，巴夏礼与洛奇的镣铐被解除，并被转移到北京一所庙宇里。他们在那里一直待到获得完全自由。当清政府被迫把巴夏礼释放时，只剩下三十四人：十数天的囚禁中，五人死于狱卒的酷刑。《纽约时报》（1861年1月1日）另一条相关消息援引战俘的话说：

安德森死前两天，他的手指和指甲由于绳索的紧绷而爆裂，局部组织坏死，白色的腕骨露了出来。实际上，他还活着的时候，伤口部位就已经生蛆，这些蛆从他的伤口内不断爬出来，还在他身上爬来爬去。安德森少尉死去的当天晚上，他们给我们解开了捆绑胳膊的绳索，但双腿仍然被捆着。只是从那时起，他们给我们吃得好了一些。[1]

北京看升旗

恭亲王逮捕巴夏礼等西方外交使节的愚蠢举动，更加惹恼了英法联军，这增强了他们进攻北京的决心。我不认为此前的英法联军有拿下北京的坚定意图，他们总是打打停停，即已表明希望以打促谈。然而，他们的希望总是落空。他们也知道，攻陷一个古老帝国的首都意味着什么，所以，这步险棋，不到万不得已，是不能走的。他们的目的就是通商，战争起处，何谈通商？

英法联军进攻至八里桥，北京近在咫尺（八里桥距北京仅仅十五公里），且唾手可得，然而英法联军却停止前进，提议再度谈判。西方人真是拿着谈判当饭吃的，传统的东方政治不玩这个，他们信奉"胜者王，败者寇"的理论，为王者之目标，不惜一切代价，勇往直前，去争取最后的胜利。举一个简单的例子，李自成要北伐，如无不能克服的阻力，他绝不会停下战争的脚步，更不会对眼看就要到手的北京弃之不顾，更不会谈什么判。东北一隅的爱新觉罗一族亦然，他们的战车一开到关内，就一心望北京了。当年的洪秀全们，若不是内部出了问题，拿下北京也必然是他们的最终目标。李自成们、爱新觉罗们、洪秀全们，等等，全是得势不饶人的主儿。在他们眼里，政治谈判、政治妥协，全是外星人干的蠢事。他们只有一个政治原则，即不是你死，就是我活；不是你胜，就是我败——胜者王，败者寇。总之，不能共生共存，总要有人为王，至尊天下，而另一波人及其庞大的群体，只能为奴，屈于檐下。而且争夺地盘的双方还有一个非常可怕的理论，叫作"不成功便

---

[1] 郑曦原编：《帝国的回忆》，生活·读书·新知三联书店，2001年版。

成仁"。"胜者王，败者寇"中的那个寇，在这一理论下，摇身一变，又成了"仁"的化身，那么他此前的一切争斗，也不过是杀身成仁罢了。头颅满地，血流成河；胜者王，败者仁，这理论悖逆得简直令人一步三叹！这就是东方的传统政治文化。

西方人凡事爱谈判，缘于他们千百年来的契约精神的支持。你不能想象的是，在中世纪的欧洲，主仆之间的关系，竟然也是以契约形式存在于世的。说到这里，让我们的神思做一个短暂的游离，从1860年代的清帝国，跳跃至中世纪的欧洲，到那里去看一份奴隶委身状：

> 立约人某地某某人信赖某地某某大人之权威。众所周知，我一无所有，衣食难以为继，因此恳请您怜悯周恤，蒙您仁慈恩准，使我得以信赖您的保护。您应按我所尽之力，依照我所提供之劳役和劳力，助我保有食物、衣服。只要我一息尚存，便尽我作为自由人之所能，竭诚效力、顺从，决不脱离大人之权力和保护，而且我一生每日每时都在大人权力和保护之下。兹经双方约定，如我们之中有人违反协议，将向另一方赔偿金钱（数额待定），并且协议持续有效。[1]

这是东方文化所不能理解和认同的。主是至高无上的，奴是低贱至极的，这在东方，人人明白，主宰者无须契约便可主宰一切，被主宰者也无须契约便无条件予以服从，乃至自觉自愿地服从。

回到1860年的清帝国。英法联军要求再度与清政府谈判，并不是说他们惧怕进一步的争锋，他们船坚炮利，何所畏惧。自他们进入清帝国以来，就一直采用柔软的政治姿态，凡事都要沟通谈判。这恰恰是清政府所不能容忍的，他们没有外交部，更没有外交人才，洋鬼子所谈的国际关系是他们所不懂也不感兴趣的。因为不懂、不感兴趣，所以就消极对待，用对付国内百

---

[1] 德尼兹·加亚尔等著：《欧洲史》，海南出版社，2000年版，第210页。

姓的惯用伎俩（推脱敷衍），对付洋鬼子。洋鬼子当然不懂得也不理解清政府为什么这么惧怕谈判。彼此之间的这种不懂不解，其实就是东西方文化的碰撞。

就在英法联军逼近北京的时候，奕詝带着他的老婆孩子及宫眷一百多人，以及部分政府官员狼狈逃窜，去避暑山庄热河躲了起来。英法联军急了，这是他们立即停止进攻的一个重要因素，因为他们生怕所有的人都跑了，他们找谁去谈判？嘿，还是一个谈判！事到临头，清政府也只好硬着头皮去谈，恭亲王奕䜣继续他未竟的谈判事业。第二次参与谈判，这位年轻人再也没有了最初的精神头，他蔫拉巴几地指示司法系统，把巴夏礼等放了。然后，在北京城上竖起白旗，以示投降。清帝国没有国旗，也没有国旗文化。因此，大清在自己的首都上空升起的第一面旗帜，竟然是象征失败和投降的白旗。随之升起的第一、第二面国旗，又竟然是英法两国的。

逃到热河的奕詝羞愧而沮丧，他授权弟弟奕䜣，答应英法联军所提出的全部条件，只求其早日撤离北京。继释放了巴夏礼等之后，奕䜣再次担当大任，与英法联军签订了《北京条约》。出席签字仪式时，这个二十多岁的亲王面色苍白，又气又怕。英法联军的代表怎么也看不出，就是这么一位战战兢兢的人，竟然下达了逮捕英国外交官那样的命令。

英法联军仅以两万多人，就拿下了大清帝国的首都。他们入城后，开始坐下来，倾听巴夏礼们被俘后的悲惨经历，这让英法联军义愤填膺，他们决定到北京郊外的圆明园撒撒野，去给野蛮无知的皇家一个教训。于是英法联军各派了一支部队，到那里去实施最为野蛮的洗劫。这个时候的奕詝，并没有担心北京如何，也没有担心他们皇家的豪华别墅圆明园如何，而是一门心思玩美女，然后就是吸毒提神。而此时，离这位年轻吸毒犯的死期，已经不远了。那么懿贵妃慈禧又在干什么呢？她正在加紧密谋，实施宫廷政变。总之，都没有闲着。大清有了这样一帮猪猡式的高级人物，不愁亡不了国、灭不了种！[1]

[1] 爱新觉罗家族，在晚清接连有三朝皇帝（即奕詝帝、载湉帝、溥仪帝）无后，他们伴随清帝国走完最后一程。

《北京条约》的主要内容

一、《天津条约》除赔款一项外，其余继续有效。

二、清国赔偿英法军费白银各八百万两；恤金英国五十万两，法国二十万两。

三、割让九龙半岛给英国。

四、各国使节进驻北京，并觐见皇帝。

五、增开江苏镇江、湖北武汉、江苏南京、江西九江、天津为通商港口。

六、允许外国传教士在清国内地传教，并有权购置房屋田产。

风花雪月一日凋

爱氏老巢

巴夏礼们的悲惨遭遇，给了英法联军以撒野的口实，他们浩浩荡荡去了爱新觉罗氏的老巢——圆明园。

圆明园是怎样的一个地方呢？因为它太知名了，我这里只能略微一提。圆明园位于北京西郊的海淀区，距北京城区十五公里。一百五十多年间，爱新觉罗家族倾全国之财力物力，集全国之能工巧匠，填湖堆山，种植奇花异木，将这里建成中国历史上最大的一所皇家宫苑，建筑面积达十六万平方米，其水域面积为两千多亩。园林风景百余处，搜刮来的金银珠宝、艺术珍品和图书文物（如《四库全书》《古今图书集成》《四库全书荟要》等）难以计数。

康熙时，圆明园已初具规模。到雍正时，这里又扩建了正大光明殿和勤政殿，以及内阁、六部、军机处等值班室，是谓"避喧听政"，即离开喧闹的京城，到秀丽宜人的郊外办公。说白了，就是一边休闲，一边办公。打这，圆明园就已经有了戴维营的功能。不得不感叹，爱新觉罗一族真会享受呀。自入关算起，满族人共有十位皇帝。到雍正这里，算是帝国的第三代领导人，他已开始享受腐败带来的乐趣了。到乾隆时就更不用说了，他在位六十年，年年营构圆明园，日日修饰圆明园，浚水移石，费银无算。

在咱们普通人看来，北京城内的紫禁城多好呀，简直是人间天堂呀。可爱新觉罗家的人还嫌不够，非得跑到城外老远的地方，再弄个戴维营似的度假胜地，那不是瞎折腾吗？这就是小老百姓的思维，爱新觉罗高层才不会这么想，就是把天折腾下来，与皇室有什么关系？折腾得死去活来的，永远都是百姓，而享受的却永远都是皇室。历史上的各代中国政权，你见哪朝哪代的领导人怕过折腾？无论干什么，动静越响越好，场面越大越好，面子越足越好。反正这一切的一切，对皇室皇权丝毫没有损伤。玩呗，权力一朝在手，不玩怎么显示得出来？没有大场面、大活动、大工程，权力怎么体现得出来？皇权以下的各权力机构当然也愿意上峰折腾，而且折腾得越大越好，他们就可以从哗哗流淌的库银中捞取足够的好处。很大程度上，一个帝国的贪污系统就是这么铸就的。

强盗的自供状

回到原题，我们去看看英法联军是如何蹂躏爱新觉罗老巢的。1860 年 10 月 6 日，英法联军占领圆明园。从第二天开始，联军就开始进行疯狂地抢劫和破坏。下面依旧采用《纽约时报》当年的相关文字——《英法联军占领北京西郊，圆明园惨遭洗劫》（1860 年 10 月 9 日）：

> 据英军随营记者报道：英军宿营地，距北京东北大门一英里。我们于六日再次扎营。同天夜晚，清国皇室的颐和园、圆明园被联军占领。昨天，小迈克斯、巴夏礼、亨利·洛奇等被清方释放并已回到公使馆。
>
> 为何我军没按计划继续向圆明园挺进尚不得而知。而法军和我军的骑兵队，连同一些炮兵则按计划向圆明园进发。但法军落后于我军两个小时才到达那里。彼时，已到达那里的英军部队正在等待着其余部队。当法国人到达时，英军指挥官提议与他们合作。法国

人要求英军绕到园后去切断鞑靼人的退路，而他们自己则从正面进攻皇家园林。法国人的确进攻了，他们发现圆明园中有三百名太监在负责，另外只有四十名男人在掌管着花园，他们中只有二十人有武器。皇家园林方面只进行了微弱的抵抗，两名太监被杀，而法军有两名军官受伤。接着，法军就占领了这座皇家园林。

　　最近这两天发生在那里的景象，却是任何笔杆子都无法恰当描述的。不分青红皂白的抢掠被认可。贵宾接待厅、国宾客房和私人卧室、招待室、女人化妆室，以及其他庭园的每个房间，都被洗劫一空。清国制或外国制的艺术品有的被带走，有的体积太大无法搬走，就把它们砸毁。还有装饰用的墙格、屏风、玉饰、瓷器、钟表、窗帘和家具，没有哪件东西能逃过劫难。数不清的衣橱里，挂满了各式各样的服装、外套，每件都用华贵的丝绸和金线绣着大清皇室特有的龙纹。另外还有统靴、头饰、扇子，等等。事实上，房间里面几乎到处都是这些东西。储藏室装满了成匹成匹的上等丝绸，一捆一捆地摆放着。这些丝绸在广州光买一匹就要花二十至三十美元。粗略估算，这些房间里的丝绸肯定有七八万匹之多。它们被扔在地上随意践踏，以至于地板上厚厚地铺满了一层。人们拿着它们彼此投来投去，所有人都尽其所能，拿走了他们所看中的丝绸。这些丝绸装了很多车，捆绑这些车辆用的不是绳子而是丝绸。整个法军营地都被这些抢劫来的丝绸堆满了，法国人用它们来做营帐、床铺、被单等。

　　昨天下午，一群法国人拿着棍子又到各房间去搜寻了一遍，打碎了剩下的每样东西——镜子、屏风、面板，等等。据说，他们这样做是为了给他们的同胞——也就是被释放的战俘报仇，因为这些战俘受到了对方残暴的对待。联军的宪兵队守卫着一座装有巨量金块和银锭的宝库，这些财宝将由英国人和法国人瓜分。

　　被毁坏的财产总价值，估计能达到联军要求赔偿金额中的大部分。在圆明园的一间贵宾接待厅，人们发现了额尔金阁下签署的《天津条约》的英文版和汉文版。它被人扔在地上，躺在一堆被打碎的物品中间，直到那份英文条约明显地吸引住了发现它的人的目光。

英军总司令下了一道命令，要求军官和士兵们把抢来的所有物品上交，并公开拍卖，拍卖所得归部队所有，后来就这样做了。所有人都允许按他们自己估计的价钱占有他们已经拿走的物品，并且人们对这次拍卖的拍卖品拥有接受或拒绝的选择权。很多精美古董和纪念品，就这样以一种纯象征性的价格归个人所有了。全部拍卖额有两万两千英镑（按当时比价，折合白银不到十万两），而这笔财富的价值估计为六万一千英镑。拍卖得到的钱作为奖金当场分发了。

总司令以及其他将军们没有参与奖金分配。部队送了一个价值连城的金盂给总司令。几乎所有拍卖品都在市场上卖到了相当高的价格，涂有瓷釉彩饰的镶边花瓶，以及其他一些装饰品，完全卖到了和上海同类物品差不多的价钱。这些物品曾经为奕詝皇帝所拥有，这个事实让任何东西都会身价倍增。卖场设在喇嘛寺，英军总部就位于那里，其间的景色值得艺术家的画笔仔细描绘。如果当初大清国的皇帝陛下，能把圆明园中的一切完美无缺地移交过来的话，那它将会卖出一个天价，可惜有四分之三以上的东西被法国人毁坏或掠走了。[1]

我们看到，当英法联军对圆明园疯狂地进行洗劫时，就有无数的土匪参与了打劫。能拿走的统统拿走，拿不动的用车或者用牲口拉走，实在拿不走就任意破坏。英法联军选择最贵重的东西抢劫，土匪掠夺剩余的精华，小民则捡拾丢弃于路途的零碎，甚至守园太监也有趁火打劫者。易得的值钱物品很快被搜罗干净了，有人又把希望寄托在散落、埋没于尘土中的细碎宝物上，他们操起扫帚和簸箕，在园中道路上飞沙扬尘，希望捡个漏儿。

为迫使清政府尽快接受议和条件，英国公使额尔金、英军统帅格兰特，他们以清政府曾将英法被俘人员囚禁在圆明园为借口，命令米切尔中将于

---

[1] 郑曦原编：《帝国的回忆》，生活·读书·新知三联书店 2001 年版，第 189—193 页。

1860 年 10 月 18 日，率领三千五百多人的联军，直扑圆明园，把能烧的，全点燃了。圆明园昔日的风花雪月，几乎就在一日之间化为灰烬。

火劫余话

圆明园作为爱新觉罗家族搜刮帝国人民血汗钱的罪证，被英法联军付之一炬。与此同时，英法联军又把他们的罪证，留在了清帝国的土地上，留在了清国人的心坎儿里，留在了清国的历史里。罪证一灭一立，承接着耻辱的，却只有后来人。

尚且未完。1900 年，当八国联军入侵北京时，圆明园再次成为烧杀掳掠的目标。不仅如此，这一回就连八旗兵丁、土匪地痞，也加入了烧杀掳掠、趁火打劫的队伍，外匪内匪上下其手，把圆明园残存和陆续修复的近百座建筑物，皆拆抢一空，使得圆明园建筑和古树名木，遭到彻底毁灭。完了吗？还没完，其后的圆明园遗物，但凡政府、官僚、军阀、奸商，无不巧取豪夺，肆意损毁。所有的人都疯狂了，他们把园内火劫之余的木制建筑一一锯断，尚未坍塌的土石建筑，用绳索拉倒，园内大小树木滥伐殆尽。即便是后来者如北洋政府，他们本是圆明园遗址的保护者，却监守自盗，把园内的石雕、太湖石等等搬回自家，以修其园宅。

再后来如走马灯般更迭的军阀，更是把圆明园作为取之不尽的建筑材料场，溥仪时期的档案留下了不少无奈的记录："军人押车每日十余大车拉运园中太湖石。"实际上，拆卖的情况远比档案中记载的严重得多。徐世昌拆走圆明园属鸣春园与镜春园的木材，王怀庆拆毁园中安佑宫大墙及西洋楼石料。从此，圆明园废墟凡能做建筑材料的东西，从地面的方砖、屋瓦、墙砖、石条，及地下的木钉、木桩、铜管道等全被搜罗干净，断断续续拉了二十多年！至此，圆明园建筑、林木、砖石皆已荡然无存。

回看圆明园，回看爱新觉罗家族的老巢，总的来说，历史对它的洗劫是彻底而痛彻的。

满怀愁绪错错错

避暑山庄的瘾君子

回过头来，我们再说说清朝皇室于国难当头时的作为。通过翰林学士吴可读的日记，我们了解到，其时的奕䜣已无决断国事的能力。吴可读的日记里，涉及懿贵妃慈禧于 1860 年 9 月 6 日所下的一道谕旨，这位接近帝国最高权力的小女人，上来就历数英法联军的过错，然后是悬赏反击侵略者：

> 无论军民人等，有能斩黑夷一名者，赏银五十两；斩白夷一名者，赏银百两；获斩头目者，赏银五百两；击毁夷船一艘者，赏银五千两。[1]

1860 年 9 月 11 日，奕䜣认为载垣办事不力，就把他的钦差大臣职务撤去，重新任命他的弟弟恭亲王为全权议和大臣。随后，他匆匆到宫殿里的小庙中，对着战神胡乱行了一通礼后，就拖家带口逃出了京城。但他在一项诏令中，却美化自己的这次热河之旅为秋巡，正如其祖宗康熙、乾隆的南巡那样，是一种工作视察行为。即便如此，我们也有理由相信，皇室的这一切安排，都

---

[1] 濮兰德、贝克豪斯著：《慈禧统治下的大清帝国》，天津人民出版社，2008 年版，第 15 页。此后引自该书的地方，仅标注书名及页码。

出自懿贵妃慈禧的意思，或至少有她的影响在里面。接下来的文字，你也许看不到慈禧的影子，但她那只看不见的手，事实上一直在发挥作用。

奕詝等逃窜当天，来到距京城二十九公里的一个小庙内暂栖，并在此下谕，命令所有的满族军队赶往热河护驾。当他们走到密云后，就安营扎寨，住了下来。奕詝的身体一直不好，叫英法联军一闹，他直接就病了，而且病得不轻，因此无法主持在密云的工作会议。慈禧责无旁贷，代行皇帝职能，与军机大臣们商量对策。这是很奇怪的一个安排，大敌当前，皇上有病，临时出来主持工作的不是皇后，而是处于次级地位的贵妃。由此可见，慈禧参与朝政，已非止一日。这也为日后西宫压着东宫走，奠定了基础。在密云的临时会议上，慈禧下令各省援兵都城，勤王的行动进一步升级。9月18日，奕詝等到达热河。

清朝皇室逃到热河后，权力斗争成为第一要务。这也说明爱新觉罗一族的腐朽，他们在面对外敌的时候，考虑的不是如何予以抗击，而是内部之间彼此怎样窃取更多更大的权力份额，乃至为这一目标，争个你死我活。

在这场宫廷斗争中，置身权力中心的奕詝帝，倒成了个局外人。他在忙什么呢？他就牵挂美女、美酒、吸毒、看戏、北京。下面，我们逐一说来。先说美女，奕詝逃亡热河，置兵败于不顾，竟然有心思携妃嫔在园中游乐，寄情声色，无所不用其极。对于美女的需求，也不是一时的突发奇想，早在他即位的第二年，就下令挑选秀女入宫。他不仅广收满、蒙两族官宦人家的美女，还破除祖宗规制，选汉族秀女入宫。其中最受宠爱的是牡丹春、杏花春、武林春、海棠春四人，时称"四春娘娘"。当然了，他最宠爱的还是慈禧。

再就是违背祖训，吸毒成瘾。吸毒就吸毒吧，他还给自己吸食的毒品取一个好听的名字，美其名曰"益寿如意膏"。换言之，他吸毒的时候，也就成了如意君了。普通人吸毒，那叫吸毒犯；皇帝吸毒，却是益寿如意君。不过我要强调的是，胤禛帝是禁烟的，弘历帝是禁烟的，颙琰帝是禁烟的，奕詝的老爸旻宁帝，也是禁烟的。可到了奕詝，却堕落为一个吸毒犯，你说这是多大的讽刺。奕詝在吸毒这个问题上，抽他祖上的耳光，真是毫不含糊。

再加一条，奕詝还嗜酒如命，身边的太监、宫女，天不怕地不怕，就怕皇上说醉话。奕䜣一醉，对太监宫女，非打即骂。酒醒又后悔不迭，只好拿银子抚慰人家。可过后，他依旧是烂醉如泥，依旧是辱骂体罚太监和宫女。

暂不说奕䜣看戏，先说说他眼下比较关心的英法联军占领北京一事。他心里最明白，这个问题如果解决不好，直接影响他前列三项的兴趣与质量。所以，务必把最后一项处理好。他是怎么做的呢？很简单，就是催促他的弟弟奕䜣，尽快与敌人议和，只要英法联军撤出北京，什么条件都好商量。奕䜣得到最高指示，于10月24至25两天，分别与额尔金、葛罗交换了《天津条约》批准书，并与英法两国签订《北京条约》。奕䜣闻讯，大大松了一口气。

条约签订了，奕䜣等上奏折请奕䜣回京，但他还是赖在避暑山庄不走。不仅如此，奕䜣还迅即召皇室文工团（升平署）到热河演出，大有乐不思京的意思。皇室文工团的人到了避暑山庄，奕䜣亲点戏目，钦定角色，然后就在烟波致爽殿鸣锣开戏。那真是莺歌燕舞，一派文艺繁荣。奕䜣不仅爱看戏，而且喜欢做导演，指导太监们如何演戏。有一次，奕䜣纠正一个戏子的字音，戏子说旧谱就是这样唱的。奕䜣不容置疑地说："旧谱就是错的！"把这个执着劲儿放在帝国大政上，那该多好。问题是，他是帝国晚期的皇帝呀。专制集团的领袖，一代不如一代，直至他们彻底退出历史舞台，这是铁律呀。所以，奕䜣的所作所为，合乎规律，也合乎逻辑。奕䜣还有更搞笑的一面，他看戏时，有时觉得不过瘾，甚至亲自粉墨登场，仅他参与演出过的剧目，就有《教子》《八扯》《朱仙镇》《青石山》《平安如意》等戏。他不是病了吗？是呀，一遇挠头的大事，他就病（这恰是慈禧所乐见的）；一到粉饰盛世的场所（如花天酒地、歌舞升平），他就长精神。

这奕䜣也不想想，眼下那是什么阵势？几近亡国的边缘呀，可他却还有心思在那里看戏演戏，而且天天是盛世。有时奕䜣上午刚听过花唱，中午又要传旨清唱。天暖的时候，奕䜣还常常命文工团把剧场搬到"如意洲"上去，他在那里一边吸毒，一边看戏，真是快乐如仙。后来执掌帝国行政大权的慈禧，也是嗜戏如命，我想肯定有奕䜣的影响在里面。

写到本节的最后，让我最为感叹的是，旻宁帝有九个儿子（依次为奕纬、奕纲、奕继、奕讠、奕谅、奕䜣、奕𬤝、奕詥、奕譓），却独独选中了最不成器的老四奕讠继承皇位。在此，把陆游的一首词送给他，想来大致不错。词曰：

> 红酥手，黄滕酒，满城春色宫墙柳。东风恶，欢情薄，一怀愁绪，几年离索，错错错。

坏老师，浑学生

奕讠这么一个无胆无识无才又无能的浑人，是如何走到皇帝大位上去的呢？我们知道，旻宁帝到了六十五岁时，才开始考虑接班人的问题。这个时候，大阿哥、二阿哥、三阿哥都已经过早地凋谢了。接下来，就是四阿哥奕讠年龄最长了（十六岁）。其后的五阿哥奕谅过继出去，再后就是十四岁的六阿哥奕䜣、七岁的七阿哥奕𬤝、三岁的八阿哥奕詥、两岁的九阿哥奕譓。这也就意味着，皇权继承人基本在奕讠和奕䜣之间产生。奕讠之母虽受旻宁帝宠爱，但三十三岁时就死了。此后，幼年奕讠由奕䜣的母亲静贵妃来照顾。

以奕讠的条件，他是无法与弟弟奕䜣相争的。他童年因骑马受伤，落下腿疾，成了一个瘸子。他甚至得过天花，还有满脸的麻子。功课更不用说，也远远在奕䜣之后。至于骑射刀枪功夫，他都瘸了，还有什么好比好论的？所以呀，他处处不如奕䜣。他唯一值得骄傲的，就是有位好老师杜受田。皇帝的每个儿子，都有专门的老师，此外再加上侍从啦、奴仆啦，等等，每个皇子差不多就是一个潜在的小朝廷。那么，皇子的老师，几乎就等于是这个潜在小朝廷的宰相了。

杜受田的智慧就在于，他能够让自己的学生藏拙。我们来讲两个小故事。旻宁帝要在奕讠和奕䜣两个儿子之间，选一个做接班人，于是决定考考他们文武方面的能力。这一天，奕讠和奕䜣得到通知，要他们到南苑比试骑射功夫。到了南苑，奕䜣的各项武功，都发挥得淋漓尽致。旻宁帝大为高兴，决定立奕䜣为皇储。可轮到奕詝时，情况陡变。奕詝不骑不射，两手空空。旻宁帝很是纳闷，心想这孩子是咋啦，莫非他不想当皇储不成？再看，奕詝已经跪到自己面前，说父皇一向教导孩儿要仁爱，现在正值春天，母畜多有孕在身者，倘若射之，岂不一箭夺双命吗？此乃不仁，孩儿不忍为之。旻宁帝一听，大加赞赏。但他决定再试试两位皇储候选人的文。这个文不是笔试，而是口试。说得泛泛一些，就等同于今天人文方面的考试了。

这天，旻宁帝先召见了奕䜣，对他说，我可能不久于人世，你说说这个国家将来怎么治理呀？奕䜣口才极佳，他滔滔不绝，依旧像那次比武一样，让旻宁帝大为开心。接着面试奕詝。论口才，这又是奕詝的弱项。别怕，他有老师呀。所以，他一见了父皇，还是比武时的那一套，跪在旻宁帝面前，一边磕头，一边痛哭流涕，一言不发。旻宁帝又纳闷了，这孩子的葫芦里又装的什么药？旻宁帝把问奕䜣的话，同样问了奕詝一遍。奕詝哭着说，父亲一定会健康长寿，何必嘱托后事呢？我还要在父皇面前尽孝呢。旻宁帝听了，大为感动。心想，事就这么定了，就让又仁又孝的奕詝来接班吧。

上面"藏拙示仁"与"藏拙示孝"的故事，无不是杜受田的杰作。奕䜣之败，实际是他的老师卓秉恬之败。在这里，儒家的仁孝价值观，起到了决定性作用。但我要说，杜受田指导下的仁孝，是建立在欺诈基础上的。这样的老师，这样的仁孝，利己祸国。奕詝当皇帝，害的是当代，他更为后世带来一个乱政祸国的女人——慈禧！

后宫宠爱在一身

慈禧留在人们印象中的，是她的恶老婆子形象。其实，慈禧是一个不折不扣的把青春献给帝国的人。自她十八岁那年用性感网住奕詝帝起，她就开始献身帝国事业了。毫无疑问，这种献身的唯一目的是自私自利。这么说显得很刻薄，但你去看看，政坛人物有多少是这么走过来的？因此，我们没有必要单就这个问题去谴责慈禧。她有的是值得痛斥的地方，我们须有足够的耐心，去慢慢地解开慈禧的臭盖子。我们眼下要说的，是少妇慈禧。

奕䜣虽不至于"后宫佳丽三千人"，但从后宫宠爱在一身——在慈禧一身来说，慈禧自身也的确有他人所不及的地方。她有漂亮的脸蛋、漂亮的身段，更有勾人心魂的会说话的眼睛。对于一代色帝奕䜣来说，慈禧恐怕还有了不起的床上功夫。否则，一个小女子要彻底把一个花花皇上拿下，为己所有，为己所用，那简直太难了。毋庸置疑，慈禧都办到了。这样一个小女子，即便被时间老人拍两巴掌，岁月的痕迹也轻易不会落到她的脸上。慈禧六十岁的时候，见过她的人还说，她像四十岁。因此，我们也就有理由相信，少妇慈禧，可能会更加迷人。而我们当下要说的慈禧，正值 1861 年。这一年，慈禧二十七岁。今天这个年龄的女性，还满天满地招呼"我们女孩子"如何如何呢。而晚清时的"女孩子"慈禧，却已经开始干天大地大的事了。

我们在前面的章节中也铺垫过，说热河行宫里的人，都在搞派系斗争，就奕䜣帝自己是个局外人，他忙着及时行乐去了。乐到 1861 年 8 月 20 日，身患肺病的奕䜣，咳嗽带血的情况，益发严重。中间隔了一天，到 8 月 22 日就死了，年仅三十一岁。这年的春天，奕䜣一直想回北京，以便从弟弟们手中夺回权力，但因病情严重，未能如愿。

奕䜣的执政权是如何旁落的呢？还不是那该死的英法联军攻打北京，逼得他没有办法，才把帝国的权力全权委托给弟弟奕䜣。在前面的章节中，我们曾经提到过奕䜣这个年轻人，他的实际才能远在奕䜣之上。这一点，奕䜣清楚，慈禧更清楚。关键是，奕䜣清楚是没有用的，一方面，他与弟弟奕䜣的关系尚且不错；另一方面，奕䜣的注意力不在权力，而在花天酒地、吃喝嫖赌。慈禧就不同了，她清楚的事，她惦记的事，几乎就没个跑。前面说奕䜣想回北京，收回帝国的行政大权，其实，那完全是慈禧的意思。你想啊，1860 年底，奕䜣与英法签订《北京条约》后，主动请奕䜣回京他都不干（他还把皇宫文工团搬到热河，打算久住），更别说他要主动回去了。所以，1861 年春的那次回京动议，除了慈禧，别无二人。

山雨欲来风满楼

未雨绸缪

大清王朝的一代色帝奕𬤊，未能活着回到北京，这为帝国权力的交替，增加了变数。在这关键时刻，帝国权力中心的各派系，加大了他们的政治动作。总的来说，清帝国权力中心有三大派系，下面我们逐一分析与交代。

●**朝臣派系** 奕𬤊去世之前，任命了一个大臣团队，用来辅佐幼帝载淳。奕𬤊为儿子载淳钦定的八个顾命大臣分别是：载垣、端华、景寿、肃顺、穆荫、匡源、杜翰、焦祐瀛。这八人中四个为宗室皇亲（载垣、端华、肃顺、景寿），四个为军机大臣（穆荫、匡源、杜翰、焦祐瀛）。从奕𬤊来讲，他短暂的一生，大都浑浑噩噩而过，唯有临死前的这个政治安排，还算得当。八个顾命大臣中，有宗室皇亲，有军机大臣，且有汉人身影于其中。由此可见，奕𬤊充分照顾了各股政治势力，也就平衡了政治权力。

●**帝胤派系** 这主要是指旻宁帝在世的五个儿子，当然以老六奕䜣为代表人物了。我们前面也一再提到这个年轻人，他权重一时，王的爵位不必去说，他全权处理帝国要政的显赫位置，让好多人眼热、嫉妒。还是那句话，慈禧最不愿看到她的这位小叔子权倾天下，因为她比谁都清楚，她的儿子载淳才是未来的一国之主。问题是，载淳还只是一个孩子，奕䜣对其构成的威胁，是明摆着的。为此，慈禧假借丈夫奕𬤊之手，在其蹬腿之前，先就把小叔子奕䜣的职务，给撸了个干干净净，仅留了个空而无当的爵位给他。这让奕䜣欲哭无泪。

奕䜣会怎么想？哦，洋鬼子打来的时候，哥哥嫂子侄子拍拍屁股，就去了热河逍遥自在，把北京的烂摊子交给了他去处理。如今，天下暂安，哥哥嫂子就卸磨杀驴，一脚把他踢到了一边，这也未免太不仗义了。更可气的是，当皇帝的哥哥一死，他连当个顾命大臣的资格都没有，这也太不拿他当回事了。作为帝胤派系的代表人物尚且如此，其他的哥儿几个，也就更没有什么戏了。不过，帝胤终归作为一个政治派系存在着，就一定有它的合理性。而这支最不起眼的政治力量，在后面的宫廷政变中，却发挥了令人难以想象的作用。

●**帝后派系**　载淳为帝，慈禧为后，帝后就是这么来的。载淳是个孩子，他自然无法主持朝政，即便是他日后长大了，依旧没有任何主导权。所以，一个孩子摊上一个性格粗暴、意志力坚强、权力欲望无限的母亲，那实在是他的不幸，乃至是他的灾难。载淳与载湉（即后来的光绪帝）的不幸人生与悲惨结局，就来自慈禧对权力不屈不挠的坚持。这都是后话，搁下不提。

我们这里说到的帝后之后，不只是慈禧一人。在本书的叙述中，一个人总是缺席，乃至被边缘化，她就是首席皇太后慈安（现在的东西两宫太后，尚未得到慈安、慈禧的封号。只是为了便于叙述，我们才称呼她们为人所熟悉的徽号）。丈夫死了，作为先帝遗孀的东西两太后，也就暂时凝聚在一起，加上一个幼帝，"孤儿寡母"组合，由此登场。载淳幼小，但有天大地大的皇帝头衔顶着；东太后慈安无儿无女，但却是先帝奕詝的皇后，论资排辈，她也就是小皇帝载淳的第一皇太后；西太后慈禧在三人中位居最后，但她是小皇帝载淳的亲妈，又充满斗志与政治算计，因此她成为"孤儿寡母"组合的灵魂人物。

照理说，孤儿寡母是最为让人心疼的一个处境。但不要忘了，这却是帝制时代的皇权政治核心。谁当皇帝，帝国的玉玺就在谁的手里。皇帝年幼，就由代理人负责掌管。载淳年幼无知，自然就由他母亲慈禧太后代为保管玉玺了。没有玉玺，一切圣旨都是非法无效的。两宫太后手中有了皇帝，再加上有了玉玺，政治的砝码已经远在"顾命大臣"组合之上了，当然更在"皇子"组合之上了。在接下来的宫廷对决中，一切都得到了充分显现。

明争暗斗

我们知道，奕詝病的时候，各政治派系就已经加紧地下工作了。在顾命大臣出笼之前，奕詝渐为怡亲王载垣所左右。而载垣的同党则有郑亲王端华及其远房兄弟肃顺。这三人知道皇帝时日不多，风云将至，便着手为自己的政治前途搭建一个遮风挡雨的平台。三人中，肃顺是他们的灵魂人物。而肃顺的起家，也缘于怡亲王、郑亲王的极力推荐。肃顺的能干与乖巧，很快受宠于奕詝，最终和其兄端华一样，成为军机大臣。

站在满族人的角度，肃顺有很多可供指摘的地方。比如他就改变了清朝历代防范汉人的惯例，大胆起用汉人进入关键职位。曾国藩之所以崛起，有肃顺的提携；左宗棠、郭嵩焘、王闿运等汉人，也都是他倍加欣赏与关照的。肃顺为人豪爽，常在自己家里宴请汉人高士。他对满汉的评语是："咱们旗人混蛋多，懂得什么？汉人是得罪不得的，他那支笔厉害得很！"这与后来载湉帝的那句"满族军队都是废物"的话，几乎是如出一辙。也因此，载湉在戊戌变法中，才大量起用汉人。从根本上改变对汉人的看法的，肃顺可称之为满族第一人。在他的影响下，奕詝渐而倚重汉人，肃顺自然也就得到奕詝的重用。

慈禧见肃顺受宠，权势日大，对她的政治谋划构成威胁，正当想着怎样清除肃顺势力时，英法联军打来了。奕詝问计，说这可怎么办呀？肃顺说，为今之计，避其锋芒为要。奕詝就想，朝中这么多人，就肃顺一人了解我的心思。可出逃无名也不行呀。还得说是肃顺，他看出了皇帝的疑虑，那意思也无非怕后人说他临阵脱逃。于是，肃顺就上了一道奏折，恳请皇帝到热河去秋巡。历史上有康熙、乾隆无数次的南巡，而历任清帝的秋巡，更是不计其数。巡是什么？就是巡视、视察的意思呀，视察就是工作呀。秋巡自然就是皇帝在秋天的时候出去视察了。奕䜣不能白喜欢肃顺，这家伙的确是难得的会察言观色的人才，奕䜣暗中钦佩之至。他也毫不犹豫，就批准了肃顺的奏请，以秋巡的名义溜之大吉。

依着慈禧，坚守北京是第一方案。英法联军多少兵力？他们加一块也就两万多人。大清帝国多少兵力？各省部队赶到北京勤王，少说也得有个几十万，敌我的力量简直不成正比。再者说，北京城也不是豆腐渣做的，一道道防御设施，虽不能说是固若金汤，英法联军要想打进城来，也绝非易事。这促使慈禧往皇权方面去考虑，皇帝带着老婆孩子跑了，北京的权力真空，马上就会被人取而代之。这个取代者无论是谁，都对未来的帝位继承人，也就是她的儿子载淳构成直接威胁。况且，当皇帝的跑到首都以外的地方去，很容易被架空。令慈禧没有想到的是，他们随同奕䜣逃到热河后，帝国政权比她想象得还要分散，北京由奕䜣实际掌控，热河实际由肃顺等人掌控，而他这一支政治力量，相对处于一个弱势。这一切，她都归咎于肃顺。这为日后她对肃顺的清算，埋下伏笔。

感到势单力薄的慈禧，开始寻找政治同盟。肃顺等人一向不把慈禧放在眼里，同时也是他们极力防备的对象。很显然，慈禧不会把肃顺等势力当作拉拢的对象。这样就只剩下恭亲王奕䜣这支力量了。慈禧的政治智慧显而易见，皇帝还没死，她就派贴身太监安德海回北京，密告奕䜣，说皇帝病危，恐有变故，请恭亲王及早拿主意。这一招儿实在厉害，让奕䜣误以为，皇帝一死，他恭亲王也就成了大清帝国的主心骨了。奕䜣感到自己前所未有的高大，他理所当然地认为，皇嫂和未来的皇帝也就是他的侄儿载淳，就是他这一边的人了。晕晕乎乎之中，也不免假装一下谦虚，问安德海慈禧是怎么打算的。安德海说，主子的意思是，请王爷速派一支兵马来热河护驾。奕䜣当机立断，就答应了。我们不知道的是，身为爱新觉罗氏的恭亲王，他的这支兵马大多竟然是叶赫人，与慈禧同出一脉。

我们前面已经说过，奕䜣死后，一直跃跃欲试的奕䜣，竟然身无一职，他有种被耍的感觉。说老实话，这倒不完全是慈禧的意思。这个时期的慈禧就只是可以施加影响于奕䜣，毕竟她还只是一个贵妃。清朝皇室有个规定，即女人不得干政。这一点，奕詝不会不清楚。如果他对慈禧的洞察不是太深，也不至于遗诏皇后即慈安，说假如有一天慈禧有涉政的意图或行为，就依据此诏把她拿下。这说明，奕詝是清楚慈禧的德行的，这也叫亦爱亦恨：爱慈禧的光鲜照人、闺房手段，恨她的政治热情、背后手段。奕詝一生少有决断，唯有临死前把后事处理得井井有条。我的理解是：奕詝撸掉弟弟奕䜣的所有权力，是为自己的儿子铺平未来之路；玉玺交由两宫掌管，是为抑制顾命大臣滥权、篡权；托孤八大臣，是为平衡两宫的权力，防止她们干政。奕詝的不幸、爱新觉罗一族的不幸就在于，慈禧本人太能干了，她会让奕詝唯一正确的政治决断一文不值。

多事之秋添惊雷

宫廷政变

奕詝死了，其六岁的儿子载淳继位。这时的慈禧，才真正有了一个强有力的政治砝码——太后。在政治上，太后不是一种职衔。但在宗法制度下，它却是一种近乎天然的间接皇权。当皇帝未成年的时候，尤其如此。中国历史上的太后临政，也不在少数，汉有吕后，唐有武后，宋有曹后等等。鉴于历史教训，汉朝（始于汉武大帝）和北魏时，为避免太后干政，竟然实施一种野蛮的制度，即小皇帝登基之日，也就是其母升天之时。但这无法从根本上解决乱政的问题，只要皇帝年幼，不能亲政，其皇权不是旁落太后一族，就是旁落皇叔一族，抑或旁落朝臣乃至太监等政治力量。总之，炙手可热的皇权不会吊在半空中，它必须实实在在地落下来，让其中一支政治派系，代替年幼的皇帝行使职权。

慈禧的历史机遇是，当她雄心勃勃地要施展自己的政治才华时，爱新觉罗氏——慈禧她丈夫的家族，恰恰已进入执政的疲倦期。爱新觉罗氏的后继无人，更为叶赫那拉一族的慈禧，提供了政治便利。所谓天时地利人和，全有了。接下来，就看慈禧怎么运作了。

奕詝死了，载垣等顾命大臣以小皇帝载淳的名义下诏，决定将奕詝的灵柩运回北京。热河距京城大约二百四十公里。快班轿夫日夜兼程，五天即可到京。灵柩就要缓慢得多，它非常沉重，而且需要一百二十人抬着，彼此配合起来，步调一致前行，难度很大。这些因素，使得奕𬣞灵柩最快也要十天才能到京。如遇恶劣天气，到京的时间还要推迟。

灵柩的行进速度，令慈禧颇为满意，这样的话，两宫的返京队伍，就可以先期回到北京。这使得慈禧有足够的时间，与恭亲王奕䜣密谋大事。虽然恭亲王什么职位都没有了，但家族内部的军事组织，还在他手里。这样的军队（比家丁强，比军队弱）进行大规模作战几乎不可能，但发动宫廷政变却绰绰有余。

肃顺等得到消息，说两宫急返京城，意在发动一场宫廷政变，于是决定就在途中把两宫解决掉。这个时候，一个关键人物出现了，他就是荣禄。这位二十六岁的英俊青年，担任皇室的侍卫工作。当他得到肃顺等准备下手的消息后，立即站到了慈禧一边。在慈禧的一生中，有两次关乎生死存亡的时刻，热河是一次，她在得到荣禄的告密后，得以以胜利者的姿态，在政治舞台上立于不败之地；另一次是戊戌变法的时候，她同样得到荣禄的告密，成功挫败以自己的外甥载湉为首的改革派们的阴谋，并夺回大清帝国的执政权。从这一意义上说，荣禄实在是慈禧的贵人、恩人。

我们现在重点说荣禄第一次告密的事。荣禄得知肃顺等人的阴谋后，迅即带领一支人马前去保护两宫太后。不巧的是，两宫离开热河后，遭遇滂沱大雨，道路泥泞，因此被迫在山谷中避雨。此处前不着村，后不着店，几无供给。荣禄就在这样的场景下追及两宫的大队人马，两位太后对荣禄的感激，不说涕零也差不多。所谓患难之时见真情，就指这个时候。荣禄的日后受宠，也得益于他对慈禧的忠诚。

雨停之后，荣禄保护两宫继续前行。1861 年 11 月 1 日，他们安全抵京。到京后，慈禧立即召集自己的人秘密开会，恭亲王奕䜣自不例外。会议决定，等皇帝灵柩到达后，先撤去顾命大臣们的名号，然后再见机行事。而这时的顾命大臣们，正护着奕𬣞的灵柩在回来的路上。这支队伍如蜗牛一般，在慢慢长路上爬行。顾命大臣们哪里知道，奕𬣞帝尸骨未寒，梓宫亦未抵京，在京城却已秘密为他们张开一张大网。

　　前面我们提到过帝国当下的三大政治派系，即朝臣、帝胤、帝后三方。现在的情形明白无误地告诉我们，帝胤（以恭亲王奕𫍽为代表）与帝后（以慈禧太后为代表）两大派系，为了各自的利益，走到了一起，共同对付朝臣派系。帝胤手里有军队，帝后手里有玉玺，两相结合，完美无缺。八个顾命大臣不要说顾小皇帝的命，到时候恐怕连自己的命也顾不了了。

　　11 月 4 日早晨，奕𫍽的灵柩抵达京城西北门，奕𫍽前一天晚上，已派部队驻守于此。六岁的小皇帝载淳、两宫太后以及奕𫍽帝的弟弟们、朝中大臣等，皆着孝服出来迎接。两宫提前赶回京城，这也是原因之一。当皇帝的，无论是活的，还是死的，他的肉体所到之处，其家人和朝臣须提前等在那里跪接。类似的情节，等慈禧执掌帝国大权后，处处可见。尤其是载淳帝，和慈禧一同去个什么地方，他的轿子都要先行、快行，提前赶到那里。等慈禧的轿子一到，载淳帝娴熟地一跪，慈禧这才在太监的搀扶下，高昂着头走过去。之后，载淳才敢从地上爬起来，畏畏缩缩地紧随其后。今天迎接奕𫍽帝的梓宫入城，从小皇帝到两宫，再到文武大臣，大家也都必须跪在地上，行礼如仪。陪同皇帝梓宫回京的顾命大臣，也要提前进城，与大家一起披麻戴孝，跪接梓宫。

　　奕𫍽的梓宫入城前，两宫太后、小皇帝及军机大臣桂良、周祖陪等，先来到一座临时营帐里休息。怡亲王载垣、郑亲王端华以及肃顺等亦至。慈禧以太后的身份，神色镇定地对怡亲王说："东后和我都深感你等官员，护送梓宫，颇能尽其职分。今天大事已毕，监国之名，即可销去。"那口气咄咄逼人。载垣听后厉声回答说："我等之监国，乃大行皇帝[1]遗命所授，两太后无权收回。再说了，我是首席顾命大臣，没有我的允许，无论太后还是什么人，都无权召见臣工。"

　　慈禧也毫不退让，狠狠地说："那咱们就走着瞧吧。"随即下令侍卫，将载垣、端华以及肃顺当场逮捕。不大一会儿，前方人员来报，说梓宫已到。大家这才呼呼啦啦出来，赶忙前去跪迎。载垣等三位大臣，落寞地跟在后面。

---

[1]　即已故皇帝。

这时的顾命大臣已无反抗之力，因为周围全是效忠慈禧的军队。两宫等对梓宫行礼敬送，暂安于殿中。接着，慈禧以两宫的名义下谕，将三个顾命大臣交宗人府严办。四天后即 11 月 8 日，结果就出来了：令载垣、端华自尽，肃顺斩立决。顾命大臣中的另外五人，或革职，或贬窜恶地。与顾命大臣关系密切的高官、太监，处理了十一人。这场政变从密谋到结束，仅一个月的时间。

肃顺之死

这里面最值得一提的是肃顺之死。同为顾命大臣，他的两位死党载垣、端华，得到的是赐死，而他却是斩立决。在帝制时代，判定谁有罪，赐令自杀是一种优待，谓曰"加恩赐令自尽"，被赐死的人还要跪下来，口呼"谢主隆恩"。像肃顺的斩立决就不行了，虽然看上去比赐死（通常是上吊自缢或饮鸩而亡）痛快些，痛苦也少些，但你必须到法场上去行刑，而且还要尸首分离。儒家文化熏陶下的人，特别爱面子，对于一个被执行死刑的人来讲，砍头也许并不重要，不就是一死吗？关键是，上刑场的这个过程，沿街看热闹的人，堵塞通衢闾巷，被行刑人五花大绑，面对无数异样的眼睛，那真是丢尽颜面，毫无尊严。

我们来看肃顺被行刑的过程。执行那天，肃顺被绑在牛车上，由重兵押送至北京菜市口刑场。当时，正值奕𬣞帝的丧期，皇亲国戚、文武大臣，人人为之披麻戴孝。所以，囚车上的肃顺，也是一身白衣打扮。肃顺到底年轻气盛，至死也不服对他的判决，并骂口不绝，尤骂慈禧淫毒之处。上了行刑台，刽子手让肃顺跪下，他的腰板反而挺得更直了。刽子手受到蔑视，举起一根大铁棍，就打向肃顺的腿。"咔嚓"一下，随着肃顺腿骨的断裂声，他就势跪在地上。刽子手瞅准机会，刀起头落，肃顺的鲜血，染红了菜市口。

慈禧何以让肃顺死得如此缺乏尊严呢？一方面，是二十七岁的慈禧开刀祭旗的一个尝试，意在告诫想挑战她的人，"小女子也不是那么好惹的"；

一方面，是肃顺直接冒犯了这位心胸狭隘的小女人。事情是这样的，英法联军逼近北京的时候，奕詝不是带着老婆孩子从圆明园出走热河吗？在路上，因衣食不周，一向娇生惯养的宫眷们，纷纷迁怒于逃亡总指挥肃顺，怪他不派人多带些山珍海味。慈禧更是不满，嫌她坐的那辆车不舒服，要求肃顺给她换一辆。肃顺骑在马上，不耐烦地说："现在都什么时候了，还挑三拣四的。眼下能有这么一辆车就已经不错了。"慈禧倍感羞辱，她现在虽然只是一个贵妃，难道肃顺没有看到她的将来吗？她的儿子可是大清帝国唯一的继承人呀！慈禧暗暗发狠："咱们走着瞧！"

瞧见了吧，慈禧让肃顺死得极其难看。肃顺最为明确的一个罪名是，其在职期间"贪婪残暴，无所不为"。肃顺被判死刑之前，执法人员先行将其抄家，他贪污来的大量钱财，[1]又统统被慈禧贪入私囊。这就像颙琰帝吃贪官和珅的家产一样，都属于黑吃黑的性质。国家元首尚且黑得伸手不见五指，你又如何防止手下不黑如锅底呢？

宫廷政变结束后，清政府为载淳举行了一个简单的登基典礼，两宫皇太后即以皇帝的名义，令大臣汇编以往各代皇太后临朝预政的事迹，并美其名曰《治平宝鉴》，作为她们垂帘听政的历史依据。1861年12月2日，她们携载淳到养心殿东暖阁，正式垂帘听政，设两太后宝座在皇帝宝座之后，中间以八扇黄屏风隔开。为使此举更具合法性，恭亲王奕訢等人还制定了《垂帘章程》。由此，两宫太后开辟了大清帝国垂帘听政的历史。

---

[1]　关于肃顺贪污的额度，我查了很多国内的史料，没有一处提到具体数字，甚至只有他肃贪之事，而没有他贪污之情。只是在英国人濮兰德、贝克豪斯写的《慈禧统治下的大清帝国》一书里，提到说肃顺的贪污有数百万英镑。因为没有其他可以佐证的资料，我这里不做正文引用，而只是作为注释，提供一个参考而已。

翻手作云覆手雨

站到前台的奕䜣

宫廷政变后，奕䜣作为功臣，立刻站到大清帝国的政治前台上来。慈禧对这位既是小叔子，又是政治盟友的恭亲王，怀着感激之情。若不是他的配合，宫廷政变的成功率不免要大打折扣，乃至流产。慈禧感激奕䜣，给了他至高无上的头衔，即议政大臣兼军机大臣。事实上，清政府的行政大权，慈禧都交给了奕䜣。

至此我们可以说，奕䜣的政治投资（支持慈禧发动的宫廷政变），在这里得到了回报。但这种回报，并非慈禧真实意思的表达。前面我们曾经说过，慈禧与奕䜣并非同一条战壕里的人，因为奕䜣精明能干，慈禧不仅不会重用他，相反还要防着他，甚至把他搞掉。政治上，没有一个人希望对手比自己强大。这一点，慈禧表现得尤为明显。

那么，慈禧为什么一反常态，又赋予潜在的政治对手奕䜣以重权呢？这基于慈禧两方面的考虑：一是宫廷政变刚结束，朝中能干的大臣肃顺等一被处理，执掌朝政再无合适的人选，而恭亲王奕䜣目前是唯一的取代者；二是慈禧个人年仅二十七岁，并无执政经验。别看她站在奕䜣帝背后指手画脚，那种事谁都可以，你说了，皇帝听不听都可以；你说错了，皇帝那里有一道关，到了大臣那里还有一道关。皇帝糊涂，真照着老婆的意思下达了命令，大臣去办，办坏了是大臣的责任，办好了是皇帝的老婆厉害。垂帘听政可就没有这么简单了，别看有道帘子在那里挂着，实际上帘子后的人就是直接的领导者，任何一项政令的发出，好坏都与你有直接的关系。这个时候，帘子后的人如果没有一点执政经验，再找一个没有执政经验的人来负责政府的工作，说轻了其垂帘听政的位子不保，说重了恐怕连性命都没了。慈禧是聪明人，她知道这个时候非常需要恭亲王奕䜣的政治协助。虽然说奕䜣比慈禧才大四岁，毕竟他在重要的位置上，已经干了若干年，行政经验还是有的。比如与英法联军的谈判、签约，虽然是屈辱的，但那也是经验吧；再比如这次宫廷政变，奕䜣也算是主角之一吧。可见，奕䜣在政治上无可替代。也因此，慈禧与之形成暂时而密切的政治联盟。

从奕䜣的角度说，他虽然精明能干，却还有不起这些政治算计。与慈禧相比，他不知有多单纯。奕䜣单纯到什么地步呢？他认为自己在政治上的不可替代性由两大因素构成：一、他是小皇帝的叔叔；二、大清今天的政治格局或曰乾坤，是他奕䜣确定的。他由此获得的类似宰相的行政职权，完全是应该的，也是合理合法的。他的这些单纯想法，以及他日后的权倾一时，为提早结束他的政治生涯埋下了伏笔。他根本不知道他的嫂子慈禧，是一个眼里容不得沙子的人。这都是后话，放下不提。

下面再说说奕䜣的政治作为。英法联军对北京的攻进，以及《北京条约》的签订，使得满族权贵们第一次意识到贫弱就会挨打的道理。鸦片战争时，英国只不过出动军队两千多人；英法联军入侵北京时，两国也不过出动军队两万多人，竟把拥有四亿人口的清帝国打得落花流水。这促使奕䜣领导帝国，来一次图强运动。奕䜣的这一想法，得到汉人官员曾国藩、李鸿章的积极支持。从哪儿入手呢？西方人是用船坚炮利把清帝国打败的，那么就从这里学起吧。

以清帝国的思维，西方人用船坚炮利打败对手，怎么可能把最先进的家伙售给手下败将呢？西方人不这么想，他们发动战争的目的是为了通商，现在战争结束了，对手提出贸易交往，而军火贸易向来是最赚钱的，买卖找上门来，有什么理由拒之门外呢？于是积极推动先进的军事技术进入清帝国。

清帝国朝野得知西方人不但愿意卖军火给自己，而且还热心地传授相关秘密，那时真是人人都在偷着乐。也有暗自笑骂西方大鼻子的，说我们清国人从来就没有这么傻的，什么先进的玩意儿，全都锁到保险库里，唯我独享，才能够唯我独尊嘛。

向西方各国学习，用今天的话讲，这就属于涉外工作了。可那时的清帝国还没有外交部门。怎么办呢？那就建立一个吧。于是，就有了总理各国事务衙门（下称总理衙门），全权负责图强运动。这是清帝国建国以来，同时也是中国历史上第一个正式的外交部门。

此前的清帝国，只有一个藩属事务部即理藩院，负责处理藩属国的事务。但这不是严格意义上的外交部门。而各国如与清政府打交道，则只能与指定的封疆大吏接触，如俄国只能找库伦即蒙古乌兰巴托的办事大臣，欧美各国只能找两广总督。总理衙门的设立，表明清政府终于在心理上承认世界各国地位平等。但我们要知道，总理衙门在功能上，还不完全是现代的外交部，它的主要任务是学习西方先进的技术。那么，这所谓的总理衙门，也就成了图强运动司令部，奕䜣是最高统帅，稍后出任北洋通商大臣兼直隶（即河北省）总督的李鸿章，则是这场运动的首席执行官。

鸦片战争，尤其1860年的英法联军入侵北京，可以说都是由外交争端引起的。起码说，你清帝国没有一个外交部，或者说没有一个得力的外交人员，才导致双方误会加深，以致让西方人觉得，非船坚炮利不能解决问题。从长远的角度讲，任何时候的醒悟，都不会晚。晚的是，你醒悟了，却没行动，那等于没有醒悟。奕䜣作为这场运动的灵魂人物，他自然不会使醒悟化为泡影，而是要变成行动。下面是这一运动的具体细节和主要成果。

●教育　学习西方的先进技术，没有外语人才是不行的。因此，同文馆（外国语学校）设置了英文、法文、俄文、德文四个学系。同时还设立了天文系、化学系、地质系、物理系、医学系，以培养科学人才。

●海关　这一职责原由财政部（户部）分管，现在则纳入总理衙门，并聘请英国人担任海关首席官员。这是中国政治史上第一个也是唯一一个部门的首长由外国人来担任。今天美国政府里的一些部，常常有华裔担任其部门首长。我们说这是一国开放的政治姿态，同时也是自信的一种表现。奕䜣时代的海关首长，聘请英国人来做，与政治姿态无关，也与自信无关，仅仅是与需求有关。

●**军事** 应该说，提升军队的作战力，才是总理衙门的首要原则。前两项不过是为本项服务的，也就是说，发展教育的目的是要先有专门的人才，海关则是提供税收，用于打造海军舰队、船只、军港，及其附属单位，如军械局、造船厂、海军军官学校等等。

围绕图强运动，又带动了一系列的相关产业，如矿产、铁路、电线、轮船、航线、工业。这些新兴的项目，因为与图强有关，与外国有关，也一并纳入总理衙门的工作范畴。这轰轰烈烈的图强之举，史称"洋务运动"。我的理解，这实在是清帝国的一次大规模的西化运动。下面但凡关涉这一内容的描述，均以"西化运动"代替。

上所列举，只是一个大概。那么，结果又如何呢？哗哗如流水的银子投进去，清帝国很快就在外观上，呈现出金碧辉煌的场面。战斗力强大的北洋舰队最先成立，另外还有三支比较小的舰队，即南洋舰队、粤洋舰队和闽洋舰队。这使得清帝国一下子就成了世界排位第七的海权大国。由此，清帝国再次找回强国的尊严。我们说，这一切得益于年轻的恭亲王奕䜣及其行政团队的努力，也得益于帝国帘子后面那两位太后的支持。

说白了，这次西化运动其实就是另一场戊戌变法。我更愿意把 19 世纪 60 年代的改革，看作是清帝国的第一次西化运动；把 1898 年的改革（即戊戌变法），看作是清帝国的第二次西化运动；把 1905 年的立宪运动，看作是清帝国的第三次西化运动。如果不是吹毛求疵，相比之下，奕䜣领导的西化运动就是成功的。为什么奕䜣时代的西化运动就成功了，而载湉时代的西化运动就失败了呢？这还是我们前面讨论过的话题，现阶段的慈禧尚无执政经验，她现在放手奕䜣去干，其最大目的就是要跟着奕䜣多长些见识、学些本事。到载湉时代，慈禧已积累了大量的执政经验，其政治手腕的运用也已经到了出神入化的地步，她也就用不着跟谁客气了。政治上，凡是挡住她的路的人，凡是让她不如意的人，她一概将其扫入历史的垃圾堆，绝无仁慈可言。

叔嫂对决

奕䜣的成就，使他在朝野稳固了自己的政治地位。甚至可以说，他的政治影响，超过了他的实际权力。这就有点向精神领袖靠的意思了，这要玩大了，深入人心了，奕䜣就成了帝国事实上的领导人。这一点，帘子后面的慈禧，始终保持着高度警惕，并为奕䜣所取得的成就而不快。虽然没有表现在脸上，但聪明的奕䜣总能感觉得到。于是，小嫂子与小叔子之间，渐生罅隙。对慈禧来说，这罅隙本来就有，只是在她发动宫廷政变的时候，暂时弥合了这罅隙。他们共同的敌人被打倒了，现在他们的罅隙重新开裂，这也符合政治规律。奕䜣年轻气盛，得势不饶人，看到慈禧脸色不对，就转而与大嫂即东太后近乎起来，凡事他们总能站在一起。这样一来，慈禧的压力就更大了。不过，一切尚未浮出水面，大家都还过得去。至于暗中的算计，那一向是慈禧的长项，她是不会停止运作的。这方面的话题稍后再说，我们先来说说两宫太后是如何垂帘听政的。

说起来很有意思，在小皇帝与两宫之间，悬垂着一道黄丝帘子，小皇帝在前，太后在后。说是听政、议政，但到会的大臣未经召见，不得擅自入内。程序是这样的，大臣到了大殿外面后，须在专门的屋子里等着传唤。轮到你了，或是集体议事，值班的太监就过来说，张三，你可以跟我进去了。或者说，你等可以跟着我走了。大臣进了大殿，在三步之处跪下，口呼："奴才某某，恭请圣安。"然后脱帽、磕头。太后说："起来吧。"跪着的大臣还得说一句"奴才叩谢天恩"之类的话。完了，站起来，再戴上帽子向前走，走到自己平时固定的位置上（中国人不仅有面子观，更有强烈的位置观。尤其在朝堂上，一点都马虎不得），那里有个垫子，大臣低头跪在上面，服服帖帖如龟孙子。这么说吧，自大臣进来，到他出去，他一直都是低着头的。按照规定，当臣子的是不准与主子平视的，出去的时候，大臣的屁股更不能对着皇帝，他必须倒退着出去。这些程式化的东西，老臣们都门清。新提拔起来的大臣，觐见前还要经过专门的培训。至少要有老臣提醒，哪里跪，哪里起；怎么进，怎么退，甚为烦琐、复杂。

还有一点，我们必须知道，听政大殿虽然很大，光线却实在不敢让人恭维。里面只有蜡烛，而没有电灯。就是蜡烛也不多，稀稀疏疏几根，整个大殿被渲染得充满神秘感和阴森感，使人犹如置身冥界一般。大臣从明亮的外面刚一进去，仿佛掉进魔窟，什么也看不见。里面更是鸦雀无声，死气沉沉。过上一阵，大臣才稍微看得清一点自己的手。在这样的光线下，除非是很有偷看技巧的大臣，通常而言，他参与朝政、回答上峰的问题时，是连皇帝的下巴都看不到的。至于皇帝的模样，那就更看不清了。而帘子后的太后，那就只能闻其声，不见其影了。

附带说一下，大臣进入听政大殿后，为什么必须跪着，到处又为什么黑黢黢的。这都是从安全的角度去考虑的，大臣跪着，如有不轨，宝座一侧的太监就会立即发出警示，不等那位大臣站起，大殿深处就会涌出如狼似虎的禁卫军，霎时扑向目标。对于大臣来说，大殿是听政议政的地方，同时也是充满杀机的地方。宫殿乃帝国政治的心脏，无论什么地位的官员，倘非总管太监传旨，是一律不能直接进入的。这是政治重地，同时也是军事重地（皇帝是全军统帅）。

宫殿严密的规则似乎对一个人例外，他就是权倾朝野的恭亲王奕䜣。这位年轻的议政大臣认为，进入宫殿的一切制度都不是为他设立的。因此，他常常不等太监传旨，就径直入内。慈禧认为，这是奕䜣故意挑战他们孤儿寡母的权力。不仅如此，在议政的时候，慈禧每每发表政见，奕䜣都以逆声语气来回答，那意思根本就不把帘子后面的老娘们放在眼里。奕䜣骄横的态度，使慈禧不能容忍，但不到万不得已，叔嫂之间也不能在办公场所撕破脸皮。慈禧在内心深处对对手最爱释放的一种语言是："咱们走着瞧。"当她的反击行动十拿九稳时，就会把憋在心里的这句话吐出来。那时，对手就只有乖乖就范了。在慈禧一生的权力场上，她屡屡使用这种政治手段，还从未失败过。如果说这世上有什么常胜将军，那么慈禧就算是常胜政客了。

奕䜣只是年轻气盛，还有一股子工作热情、一股子工作干劲儿。智慧上比他哥哥奕䜣强，但要说是什么栋梁之材，那倒不是。他之所以能干出一番事业，比如热火朝天的西化运动，那是因为他有统揽帝国大政的权力，他动动嘴，下面的人就把事办妥了。

奕䜣因缘际会，二十九岁那年，便成为大清帝国的首席执政官，这也难怪他飘飘然。正因如此，他才在1865年的某一天，犯了一个致命的错误。那天，奕䜣进入大殿议政时，突然从跪垫上站起来。我们在前面也说过，这样的举动是严重违反觐见制度的。清律规定大臣跪着接受皇帝的召见，就是避免大臣异常的举动危及皇帝。这项制度，就是首先把自己的大臣预设为暴徒。恭亲王奕䜣的行为，立即被御前太监禀告帘子后面的慈禧，慈禧随即就大叫起来，仿佛就要被荆轲刺杀一般。侍卫们闻声涌来，问发生了什么事？慈禧说，恭亲王突然起立，图谋不轨，威胁到皇帝和两宫的安全。侍卫们这才蜂拥而上，跑到奕䜣面前，把他层层包围起来，然后连推带搡，他就像个肉包子一样，被层层夹裹着带出了大殿。那叫一个尊严扫地！

我们说，这是典型的小题大做，但的确被正在寻找机会的慈禧抓了个正着。随后，慈禧就以皇帝的名义下谕，说恭亲王侵越朝廷大权，滥举妄动，罢去他的议政王之职，开去军机大臣及其他宫廷要职，同时撤去其总理衙门的职务。这等于说，把奕䜣一撸到底了。奕詝去世之前，也给奕䜣来过这么一招儿。五年后，慈禧又给他来了这么一招儿。五年之内，奕䜣在政治上，两回被扒个精光。这已充分说明，他不具备政治智慧，他的平庸也不亚于其兄奕詝。真有政治智慧的人，会在权力之间寻找平衡，使自己尽量处于相对安全的境地。奕䜣做不到这一点，被他蔑视的老娘们慈禧，却做到了，且无往而不胜。

慈禧免去奕䜣所有职务的动作，激起朝臣和各省的一致批评。事后，奕䜣跑到慈禧那里，伏地痛哭流涕，狠狠地做了一回自我批评。不久，慈禧在朝臣和各省的压力下，在奕䜣哭哭啼啼的哀求下，恢复了奕䜣总理衙门的职务。虽然说这只是一个象征性的职务，毕竟也是一种政治妥协。换了奕䜣，他做不做得到呢？很难说。政治上的一进一退，进退有节，都是需要智慧的。你也许觉得那个政治动作不起眼，可是要叫缺乏智慧的人去做，他还真就做不了。1861 年的宫廷政变，慈禧在处置肃顺等党羽的时候，把八个顾命大臣都算上，总共也才十九人。当时，司法部门就从肃顺等人来往的书信中，网罗了一大批肃顺的党羽。慈禧并未照单铲除，而是命令司法部门当众烧了那些书信。这样的政治举动，像不像曹操当年的某一个政治举动呢？这都是避免自我浪翻的政治技巧呀。

说句感性的话，大清帝国早已随奕詝之亡而亡。奕詝的时候，全国到处是叛乱，西方的军舰、军人，在清国的水陆横行无忌；太平天国更是独占半壁江山，乃至随时有吞没大清帝国的危险。而这时的奕詝，却一味地花天酒地，放任国破家亡。奕詝带着老婆孩子逃亡热河后，圆明园内那些没有被带走的宫女，上吊的上吊，投水的投水，那情景真的是凄凉透了。种种迹象表明，大清帝国至此"天命已绝"。后来，是叶赫那拉家族的崛起，将爱新觉罗家族取而代之，一个破落的帝国，这才回到它应有的轨道上来。这时的大清帝国已完成了颜色革命（象征性时间为 1861 年的宫廷政变）。帝国的壳子虽然还叫大清，但瓤子已是叶赫那拉氏了。而且叶赫那拉家族的这个女人，驾驶着帝国的帆船，走了近半个世纪。慈禧死后四年，大清帝国也走到了历史尽头。因此说，大清帝国的最后半个世纪，不是爱新觉罗家的，而是叶赫那拉家的；那不是爱新觉罗帝国，而是叶赫那拉帝国。慈禧之所以能够办到这些，就因为她有足够的政治智慧，支持她去完成那些惊天罪孽。

政治智慧所造就的何以是惊天罪孽呢？再说下去，就涉及专制的害处了。我们会在后面一一提及慈禧的罪孽。专制者的政治智慧，通常体现在罪孽上，我们也不能因为一个政治人物很有手腕，就把他的罪孽当作智慧的结晶去加以炫耀。我们评论专制社会的政治人物，一分为二是必要的，但这个一分为二须建立在批评的平台上。

纵情无忌小安子

慈禧的心狠手辣，使奕䜣一直怀恨在心。他一直在等待一个适当的时机，报一箭之仇。我们说奕䜣缺乏政治智慧，就表现在这些地方。你没有足够智慧的时候，最好不要去参与政治斗争。否则，你就是螳臂当车，就是堂·吉诃德战风车。不过，奕䜣倒是想试试。

1869 年，慈禧缺钱花了，就悄悄派安德海去山东敛财，以补充自己的小金库。安德海的船队浩浩荡荡，船上挂着大龙旗，上书"奉旨钦差采办龙袍"，船上有他买来的十九岁女孩，有他叔叔、妹妹、侄女、跟班、保镖、做饭的、剃头的、修脚的、说书的，甚至还有歌女、和尚随行。总之，能想到的角色，全带来了。这些人在船上又唱又闹，丑态百出。到了山东，安德海一行上岸换车轿，有骡二十二头、马十六匹，还有一头驴，外带大车轿车，招摇过市，令人生厌。

宫廷政变后，慈禧以小皇帝的名义下令，每年由公库中拨银二十万两，以为两宫用度。不知为什么，她还缺钱花。慈禧真的是贪得无厌啊。

安德海这个太监，我们在前面的章节中也提到过。1861 年的宫廷政变，就由安德海在慈禧与恭亲王奕䜣之间联络，他是这对叔嫂之间的移动通信工具。我们也可以调侃性地送安德海一个绰号：清国移动。从这一意义上说，当年的宫廷政变，也有安德海的一份功劳在里面。小安子劳苦功高，慈禧这才破格提拔他为总管大太监。

不过，这安德海多少有点像《红楼梦》里的焦大，凭着奴才之功，竟也小人得势，不把大臣放在眼里。当恭亲王奕䜣被剥夺执政权后，墙倒众人推，安德海也蔑视起奕䜣来，乃至恃功自大，干预起朝政来。奕䜣怎么想，你这没种的奴才呀，怎么跳到爷的头上来拉屎了，你等着吧。这气儿还没出呢，事又来了。这一天，奕䜣要求见一见慈禧，你猜慈禧怎么说，她说她正在与太监安德海聊天呢，没空。恭亲王居然没有一个太监有面儿，这把奕䜣给恶心的，好多天都吃不下饭去。我们说叶赫那拉家的这个老娘们鞭打爱新觉罗，往往就在这些细枝末节上。后边的载湉帝更是被叶赫那拉氏鞭打得遍体鳞伤，乃至体无完肤。人在矮檐下，怎能不低头，耐心等着吧。

说着说着，机会真就等来了。这就是上面提到的，慈禧让安德海出宫去敛财。这安德海乘楼船沿大运河南下，先德州，后济南，一路张扬跋扈，招权纳贿，为所欲为。不幸的是，安德海遇到一个人，他就是当时的山东省省长（巡抚）丁宝桢。丁省长见安德海到他的一亩三分地上来侵官扰民，大为愤怒，遂及时将这一情况上报恭亲王训示。奕䜣是没有要职了，可他的爵位还在呀，他还是王爷呀。更重要的是，丁宝桢是奕䜣这趟线上的人，他们结合在一块儿整治安德海，多大的太监都不是对手了。奕䜣接到丁省长的报告后，他知道凭自己目前的政治处境，是干不了这个活的。他必须找到同情自己的东太后慈安，才能把安德海处置了。所以，接到丁省长的报告，奕䜣兴奋地拍了一下大腿，心想，小子，你死到临头了。于是，急忙跑到戏院，慈安这会儿正在那里看戏呢。

慈安听了奕䜣的汇报，也是大吃一惊："有这种事？太不可思议了。那就赶快拟旨，把这个不知死活的太监就地正法了吧。"中国历史上的宫廷制度，对太监的管理非常严格。严禁他们干政，也严禁他们私自跨出宫门一步。干政也罢，私出宫门也罢，都是要掉脑袋的。就安德海当下的行为而言，无论从哪一方面来讲，将其就地正法，都合乎清帝国的法律。谕旨很快拟好，慈安以东太后的名义签署了这项追杀令。命令说，丁宝桢接旨后，立即将安德海就地正法，不必来京复核。

历史上的慈安，因为慈禧的光芒万丈，往往把她给遮得黯然无光。这里猛然杀出一节，说慈安签署一项什么命令，去斩杀慈禧的人，你也许会觉得太突兀。处决一个太监，慈安是有这个权力，还是有这个能力？我们说，慈安这两项她都有。为什么？别看现在慈禧是当朝皇帝的亲妈，好像什么事都占着上风。其实就皇家的规矩来说，慈安的权力不仅不亚于慈禧，甚至还在其之上。奕詝在世的时候，慈安是妻（皇后），慈禧是妾（贵妃）。这种等级，除非奕詝活着的时候想改变，否则，妻妾之间是无法撼动这种界限的。甚至说，妾在普通家庭没有地位，在皇家亦然。所以，奕詝死前，皇家是两枚印章，一枚给了小皇帝，一枚给了皇后慈安。慈禧呢？若不是即位小皇帝是她所生，她几乎什么都没有。

从中我们可以看出，慈安的政治地位，自奕詝在世到目前，都在慈禧之上。即便以"后奕詝时代"而论，两位太后，慈安为东，上也；慈禧为西，下也。所以，慈安签署斩杀安德海的命令，有权力，也有能力。不能照会慈禧，是因为这里面有个利益回避，否则那安德海也就正法不了了，还谈何皇家威严。这是大处说，小处是奕䜣与慈禧有解不开的过节，与安德海也有怨隙。就是慈安对慈禧，也多有怨言，私下埋怨其越权太多，下手太狠，对身边人约束不足而放纵有余。这次慈安签署命令就地正法安德海，也是杀鸡儆猴的意思，提醒慈禧不要为所欲为。

命令一到，安德海在山东被就地正法，这位"清国移动"彻底死机，其亲属被发配到西北军台为奴。安德海的几个随从太监，也在山东被绞死。其中逃掉一个太监，他回宫后，把详情告知了李连英。不用说，慈禧很快就知道了在山东所发生的一切。她气冲冲地跑到仁寿宫，愤怒地质问慈安，为什么杀她的人："打狗还看主人哩，更何况你杀的是人，是我的人！"慈安这才发现，自己签署的命令欠考虑，太鲁莽，她更知道慈禧是不好惹的主儿，一害怕，就把责任全推到恭亲王奕䜣身上了。尽管如此，慈禧与慈安的关系也由此彻底破裂（后来慈安的暴亡，当与此有关）。次日，慈禧严厉痛斥奕䜣，骂完也就完了。奕䜣虽然不好，可他的女儿很好，深得慈禧宠爱（慈禧感激恭亲王奕䜣在热河对她的帮助，将他的女儿封为大公主，允许其使用皇轿）。福及之下，奕䜣躲过一劫。但载淳死后，慈禧不立奕䜣的儿子（按照继承原则，载淳亡，奕䜣之子当即位），反立载湉为帝，实际就是对他的报复。

倒是一个人的结局颇令人玩味，他就是山东巡抚丁宝桢。慈禧不仅不责难、处理丁宝桢，反而予以重用，把他调任四川总督。之所以如此，据清人薛福成《庸庵笔记》的说法，这安德海其实是个假太监，因而深得慈禧欢心。1869 年，安德海在山东被正法后，丁宝桢发现安德海未曾阉割，这要传扬出去，大清皇室的脸面可就丢尽了，带之大清统治集团也脸面全无。站在这样的角度一考虑，丁宝桢就赶忙找来其他宦官的尸体代替，为大清遮丑，为儒家统治集团挡羞。站在慈禧的角度，这丁宝桢就是为她遮了羞，当然忠诚可嘉，提拔他也就成了顺理成章的事。

慈禧与小安子的绯闻传说，民间颇多，深信者有之，怀疑者有之。这都不重要，重要的是通过上面的故事，我们知道 1869 年的慈禧，政治上已经是处于独大的地位了。这才是我们所必须详加考察的地方。至于那些花边新闻，不过就是一个调剂品，轻松一下而已。

第二章
兵败如山倒

黄海战役三个月之后，日本海陆夹攻威海，其陆军由山东半岛最东端的成山角登陆，并攻陷威海的要塞炮台。北洋舰队在日本陆军面前，暴露无遗。日军在陆地与海上，对北洋舰队形成夹攻之势。清日的威海一战，历时二十四天全部结束。1895年2月21日，曾煊赫一时的北洋舰队，在它的诞生地画上一个悲惨的句号——北洋水师全军覆没。

凤起荷塘情已了

一代嫖帝

本章我们就从载淳说起。奕詝的这根独苗，天生体质不好，加之他摊上一位刻薄的母亲，也就是慈禧，他少有童年的快活。按照顺治、康熙两朝的先例，皇帝满十四岁就可亲政了，但两宫皇太后执政上瘾，未予还权载淳。话又说回来，载淳也乐得一个清闲，这样他就可以争分夺秒地去玩美女。所以我们说，载淳与他父亲奕詝有两像，一是病体怏怏，二是好色过度。载淳虽然没有皇权，却有性权；身为年轻寡妇的两宫太后虽然有皇权，却没有性权。在皇帝与皇太后之间，这也叫作各取所需，各用其长。

1873年，两宫太后开始为十八岁的载淳考虑婚姻大事。从清宫惯例来说，这个年龄已经是不小了。但在选后问题上，两宫皇太后却发生了激烈的争执。首席皇太后即东太后慈安，拟选崇绮之女阿鲁特氏。作为载淳母亲的慈禧则坚决反对，她的理由是，阿鲁特氏是郑亲王端华的外孙女。端华是什么人，是奕詝的顾命大臣之一呀，1861年的时候，不是被慈禧发动的宫廷政变给赐死了吗？这要是让他的孙女当了儿媳妇——成了皇后，端华一家迟早是要咸鱼翻身的。鉴于此，慈禧强烈建议选凤秀的女儿富蔡氏为皇后。慈安同样持反对态度，她说："凤秀的女儿太轻佻，不宜选为皇后，当一个贵人还可以。"这话何其厉害，慈禧就是贵人出身，而且是以轻佻博得奕詝宠爱的。

在选皇后的斗争中，慈禧最终败下阵来。一方面有首席太后的支持，一方面是载淳的个人选择，阿鲁特氏成为皇后，而慈禧推荐的富察氏，则封为慧妃。这让慈禧不仅深恨东太后，也深恨自己的儿子，怪他不站在自己一边。也因此，载淳婚后与母亲的关系，一直不好，乃至到了剑拔弩张的地步。

载淳本来就好色成性，结了婚就天天和小媳妇阿鲁特氏泡在一起。慈禧指责说："怎么可以天天在一个人的房间里鬼混？你也要到慧妃那边去走走啊！"载淳上来一股牛劲，索性连皇后的房间也不去了，带着两个心腹太监，一身便服，悄悄溜出皇宫，到南城娼妓窝子里去鬼混，甚至就住在了那里。我们说载淳比他父亲奕䜣还荒淫，就指这些。结果，就染上了梅毒。外国人的一段记述，较之于清帝国的文本，更为详尽：

> 私家著述，皆谓太后纵帝游荡，及至得疾，又不慎重爱护，以至深沈不起……盖帝常履饮于外，至翌晨召见军机时犹未归也，或醉中言语失次，杂以南城猥贱之事……（濮兰德、巴克斯《慈德外记》）

起初，载淳高烧不退，口渴腰疼，小便不畅。太医摸不准病情，就当作感冒来治。一连几天，高烧依旧不退。接着就出现了便秘，身体敏感部位开始出现紫红斑块。到 1874 年 11 月，载淳头部、脸面也出现了紫斑。他不小心，还把左边脸颊上的紫斑抓破，血水渗出。不仅如此，因为脸颊肿得厉害，其上下嘴唇外翻，面目奇丑。载淳的下身就更要命了，一些隐私部位溃烂后化脓，恶臭令人作呕，人人唯恐避之不及。

皇后心疼，就跑到养心殿东暖阁，去照顾自己的丈夫。哪知，她那年轻的婆婆竟然悄悄跑来听房。皇后阿鲁特氏对载淳说："你暂且忍耐忍耐，一切会好起来的，我们总有出头的那一天！"帷幕后的慈禧听到后，立刻跳将出来，不由分说，抓住皇后的头发就是一阵毒打，且叫太监准备家伙，她要廷杖皇后。载淳见状，惊吓之中，立刻晕厥过去。慈禧这才作罢。而载淳的病势，也日重一日。延挨至 1875 年 1 月 12 日，载淳一命呜呼。大清帝国的一代风流皇上，享年仅二十岁。

再历官廷政变

载淳死了，身后留下一百二十多个妻妾。我们所不能明白的是，一个当皇帝的，有那么多妻妾供他的房事之需，紧着他发挥，再棒的体格恐怕也吃不消的。可他偏偏来个兔子不吃窝边草，跑到污泥浊水的窑子里去吃野食，最终连命都搭了进去。这且不说，载淳连个一男半女都没留下，彻底绝了他父亲奕詝的子嗣。

随之带来的更大问题是，载淳无后，立嗣就成了一个问题。这也直接造成了两宫太后之间的矛盾。按照相沿数千年的宗法制度，王室或皇室的最高权力，都是父子相承。爱新觉罗一族入主中原后，抛弃了他们选举产生部落领导人的祖制，完全沿用父亡子承的汉人制度。现在载淳死了，他没有儿子，按照规定，应在载淳的下一辈中，给他过继一个儿子作为皇位继承人。这样的话，也等于给载淳立了嗣，他这一支的庙台上，也就有了烧香磕头的人。

载淳的下一辈中都有些什么人呢？也不必细说，咱们提一个人即可，他就是末代皇帝溥仪。也不是说非得立溥仪才行，这不是说载淳没有孩子嘛，只要在"溥"字辈里给他选一个，过继过来就行了。如然，载淳的皇后阿鲁特氏，就成了过继者理所当然的养母，她也就摇身一变，成了皇太后。如果说过继者的年龄很小，按照两宫的前例，垂帘听政就不可避免。而能够担当这一角色的，不再是两宫太后（那时她们就是太皇太后了），而是阿鲁特氏。

从根本上说，立阿鲁特氏为载淳的皇后，慈禧都不高兴，就更不要说让她有执政的机会了。还是那句话，阿鲁特氏翻了身，即便不为她的外公端华报仇，慈禧也如坐针毡。慈禧打定主意，冒险一搏。她的意图很明显，宁愿不为自己的儿子立嗣，也要保证大清的权力牢牢掌握在自己手中。只要下面立的这个皇帝，还是"载"字辈的，她慈禧就还是太后，也就还可以垂帘听政、大权在握。不过，这一次已经不是载淳选皇后时的格局了，一则慈禧现在与慈安是一对一，再无皇帝站在慈安一边。再则这两年，慈禧加紧培植、拉拢亲信，使得她有足够的能力，与慈安抗衡了。下面咱们来看看慈禧是怎么做到这一切的。

话说载淳去世后的某一天，王公大臣们得到通知，说要大家到养心殿去开会，内容是议立新君。这个重大的会议，是两宫商量着定的，但慈安并不知道慈禧还给自己留了一手。怎样的一手呢？就是慈禧瞒着慈安，做了一个周密的安排，内有荣禄率领的叶赫那拉人组成的军队里应（凡宫中紧要之处，嫡系部队全部占领把守），外有李鸿章的淮军进京外合。与此同时，宫中沿途站满了慈禧信赖的太监。一切布置就绪后，才召集王公大臣前来开会。前来开会的人，走在宫里顿感毛骨悚然，一个个不寒而栗。气氛之紧张，仿佛面临一场一触即发的大战。

养心殿内，两宫太后面对面而坐，二十五名与会的王公大臣（除王公外，余者为军机大臣及其他高官，其中有五个汉人），一律跪在下面，一声不响。大家发现，这么大的事，皇后阿鲁特氏竟然缺席。当然了，这也出于慈禧的一手安排。那么，阿鲁特氏在哪儿呢？她正哭倒于丈夫载淳的灵前。

慈禧主持会议，并第一个发言，她说："皇后虽已有孕在身，但不知何日生子，皇位不可久悬。我的意见是，立嗣问题宜早不宜迟。"恭亲王奕訢很久没有露面了，十年前，政治上他被慈禧扒了个干干净净。这次不知慈禧出于何种目的，通知他出席了这次重要会议。慈禧的开场白刚说完，他就发话了："皇后生子之期临近，应暂且秘不发丧。如生皇子，自当立嗣；如生格格，再议立新君不迟。"这就是奕訢，露面就是为了来提反对意见的。奕訢此言一出，立刻博得所有王公大臣的支持。慈禧很是后悔安排奕訢来参加这个会议。

此时的慈禧孤立异常，但她坚持自己的观点，说："现在南方尚未平定，外边如知朝廷无主，恐致动摇国本。"关键时候，三位汉人高官坚定地站到了慈禧一边，认为所言极是，这让她大大地舒了一口气。利用汉人高官制约本族（满族）这一招儿，慈禧是从奕訢那里学来的，现在则拿来对付奕訢。后来的载湉即光绪帝，也把这一招儿用到了自己的变法中。事实证明，汉人高官在满族人政权里，的确具有制衡与平衡作用。如果往难听里讲，汉人高官，也只是满族人利用的一个棋子，如此而已。

接着发言的是慈安，她说："据我之意，恭亲王之子可以承袭大统。"这倒一语中的。为什么这么说呢？奕䜣是奕詝的弟弟，把弟弟的孩子过继给哥哥，再也没有这么名正言顺的了。可恭亲王奕䜣在下面听后，赶紧叩头说不敢，又说："依承袭之正序，应立溥伦为大行皇帝嗣子。"结果溥伦的父亲也叩头说不敢。谁都不敢接这个茬，是因为大家都明白，在慈禧手下做皇帝，风险太大。你想想，慈禧连自己的亲生儿子都那么严苛，乃至残酷，更何况是别人的孩子呢？

经过短暂的辩论后，慈禧最终抛出自己的意见，当然也是最终的决定，她对慈安说："据我之意，可立奕譞之子载湉，宜即决定，不可再耽搁。"语气坚定，不容否决。慈安老好人，没有表示反对。最后的结果是，醇亲王等投溥伦，有三人投恭亲王之子，其余跟着慈禧走，投了醇亲王之子载湉的票。按照票数多寡，醇亲王奕譞的儿子、死皇帝载淳的堂弟载湉，不幸成为大清帝国的皇位继承人。奕䜣等躲过一劫（奕䜣也未必不想让自己的儿子当皇帝，关键是慈禧在那里挡着。慈禧之所以不立奕䜣的儿子，一是奕䜣操盘杀了安德海；二是奕䜣的儿子已经十八岁，如果立他，不久即可亲政，慈禧也就无权可揽），醇亲王奕譞却未能幸免，他是什么反应呢？当他知道立载湉为继承人的事通过后，便一头栽倒在地，晕厥过去。为什么？他怕慈禧！让载湉当皇帝，这等于把亲生儿子送进了虎口，他能不怕吗？事实不出奕譞所料，那载湉后来真就被他这位亲姨妈——慈禧，给活活折磨死了。

所以我们说，刻下无论谁做皇帝，皇帝的父亲要么滚蛋回家养老，要么从这个地球上消失。宫廷内外严密把守的忠于慈禧的军队，已说明一切。她在干什么？还不明白吗？她发动了第二次宫廷政变。1861年她发动的宫廷政变，是从顾命大臣手中夺取执政权。眼下她是执政者之一（另一位当然是慈安了），她不必夺取执政权，现在是在夺取皇帝的任命权。你可以想想，一个人有权任命皇帝，那么他的权力该有多大？世界史上，好像只有欧洲的教皇才有这么大的权力，但那也仅限于一个加冕仪式。慈禧这个教皇就不同了，大清帝国的皇帝在她手里直接就是一个玩偶，要加冕是她，要废黜还是她。这一阵子她看上了载湉，戊戌变法的时候，又看不上了，一度有意另找人选取而代之，若非时局不济，相信载湉的傀儡皇帝，也做不到死。慈禧于1899年所立的皇储溥儁亦然，立是她，废也是她。大清帝国的最后一任皇帝，居然也是在慈禧咽气之前，由她亲手立定的。这样一个女人，必然有她无所不用其极的地方，才能有这么大的能量，统领一切，想到做到，无往而不胜。

会议结束的时候，已过晚上九点，室外狂风怒吼，尘土飞扬。一月份的北京，正是最为寒冷的季节，又是晚上，天气愈发寒冷，但这挡不住慈禧推动龌龊政治进程的脚步。她当即命人接载湉入宫，以免夜长梦多。同时派恭亲王奕䜣前去看守大行皇帝的遗体（载淳的宾天之处，距皇城大约两公里），这叫作调虎离山。因为奕䜣羁留宫中，恐节外生枝。话又说回来，即便奕䜣有异心，也无力回天。宫廷内外，全是荣禄的部队，而奕䜣不过就是一个光杆司令而已。慈禧这么做，也只是为了以防万一。我们说这个满族女人不简单，就指她的政治手腕。专制主义者一天到晚，动辄就讲政治，其实所讲就是这些，要么张牙舞爪做主子，要么低眉顺眼做奴才。到了取而代之的关键时刻，则无所不用其极地去攻击政敌。这就是那些专制主义者们最大的政治，我谓之曰小政治。与之对应的大政治，当然是包容异己的民主政治了。

我以为，在这个世界上，最好玩弄的就是小政治，它不需要有太多的政治智慧，重要的是需要玩主有一颗铁石心肠，有足够的杀人不眨眼的勇气。除此之外就是充分用好自己的奴才，充分把握好时机，这是小政治唯一所需要具备的智慧。慈禧是这方面的天才（专制主义国家的元首全是这方面的天才），她半夜把五岁的载湉弄到宫里，让这个可怜的在惊吓中又哭又叫的孩子，当了大清帝国的倒数第二位皇帝。这也是小政治的特点，而且是其最大特点，干什么都偷偷摸摸的。

除了载湉的父母，整个皇宫里没有人在乎一个五岁小孩的感受，没有人在乎他的哭声。而且，从此以后，载湉再也不属于他的父母（载湉的母亲也就是慈禧的亲妹妹一同入宫；另一说是只有乳母陪同进宫），也不属于大清帝国，他只属于慈禧一人——因为载湉是由慈禧一人立的，小皇帝当然权属慈禧了。这时的慈安，政治上已基本处于输光的程度。她就剩最后一个法宝了，也正因为有这样一个法宝，慈禧才对她畏惧三分，不敢轻易触碰她的底线。这个法宝就是她们俩共同的丈夫留下的手谕，丈夫是共同的，但丈夫的秘密手谕却只给了慈安。这恐怕不仅仅因为慈安是皇后，高着慈禧很多级，更重要的恐怕还是奕詝对慈禧不放心，怕她弄权，贻害爱新觉罗家族，所以才在临终前，写了这份手谕给慈安。上面说，如果懿贵妃（即慈禧）闹得不像话，皇后可以召集大臣，宣布这个密诏，处懿贵妃死刑。这是慈安的一个尚方宝剑，可惜奕詝不是诸葛亮，慈安也不是马岱，因此最后的胜利才属于了慈禧。

此后，死皇帝载淳的遗腹子一事不再被提起。两个月后，年轻的皇后阿鲁特氏猝死储秀宫。慈禧的一块心病，就此了结。那位可怜的醇亲王奕譞，自那次重大人事会议上被人搀扶回家后，病倒在床，他神经错乱，如痴如呆，进而诱发肝病。奕譞借此机会，辞去各项职务。慈禧恩准，但同时又把自己统管的打着叶赫那拉烙印的部队交给了奕譞，希望他在安全方面为自己提供帮助。奕譞知道这位妻姐不好惹，便低调应下。至此，慈禧发动的第二次宫廷政变全面结束。慈禧一生搞了三次宫廷政变，这是唯一一次未流血的政变。

慈安的了结

慈禧垂帘听政那年仅二十七岁。女性的这个年龄，在当下尚可打一打女孩、女生的牌子。而这时的慈禧，已经非常热情、非常情愿、非常努力地挑起了帝国的重担。唯其不能事事遂愿的是，在她的政治道路上还有两块绊脚石，那就是慈安太后与恭亲王奕䜣。

在慈安面前，慈禧始终有矮人一等的感觉。虽说现在她们都是太后级别的，毕竟慈安是首席太后。慈安的这个太后，是由皇后转过来的，顺理成章，名正言顺。而慈禧的这个太后，则是从贵妃间接转过来的，间接于她的儿子当了皇上。这也叫母以子贵。处于平民百姓的位置，你突然给他一个小组长干，他都高兴得跳起来。所以，平民视角，多不能理解官场不如意的人和事，他们会说，你都当了那么大的官了，怎么还整天闷闷不乐？如果说到慈禧，就更令人诧异了，他们同样会说，你儿子都当皇帝了，你都太后了，还垂了帘，听了政，谁还能和你比呀，怎么还不开心？慈安那算啥？充其量也就是你慈禧的配角呀。奕䜣更不算啥了，你都把人家扒得只剩王爷的头衔了，那不都是空的吗，你还要怎样？理拨理拨，你才是帝国的唯一领导人，怎么还不开心？这就是平民的视角，幸福点低，小富即安，知足常乐。小政治视角全都反着来，幸福点高，大富不安，贪得无厌。所以，慈禧的下一个目标，就是要解决慈安。

咱们上面说过，慈安手里有奕䜣的密诏。这是一个尽人皆知的秘密，精明的慈禧不可能不知道。所以，她对慈安的态度，总体是恭敬的。尤其在非原则性问题上（相对而言，议立嗣君就属于当仁不让的原则性问题），慈禧拿慈安特别当回事，总是处处分个上下左右、嫡庶之别，那当然是她慈禧为下为右为庶了。也别说，慈安还真就吃这一套，时时被慈禧恭维得找不着北。有一回，慈安病了，慈禧甚至从自己胳臂上割下一点肉，拌在药里，为之治病。中国的古人讲，这叫作割股疗亲，意思是亲人病了，割下自己身上的一点肉，熬在药里给病人吃，据说这种行为会感动上苍，病就会好。这是无稽之谈，但古人坚信，亲人的肉大约也就可以入药了。慈安知道这件事后，大为感动，她泪流满面地对慈禧说："真想不到你对我这样好，简直和亲姐妹一样，先帝真是看错了人！"于是把藏了多年的密诏，当着慈禧的面，烧了。政治上，这可是一把锋利无比的尚方宝剑呀，就这么被慈安轻易付之一炬。这一烧，烧掉了慈禧所有的顾忌和礼貌，从此以后，一切局面全都变了。

1880年的一天，两宫到东陵祭祀先夫奕䜣。到达陵墓后，两宫为争主祭的地位，发生严重摩擦，双方互不相让。慈安显然得到高人指点，恭亲王奕䜣通常被认为是其幕僚。慈安身为已故皇帝的皇后，最终做出决定，祭祀丈夫奕䜣左边的位置空着（左为上，也就最尊贵），她不去占，也不让慈禧去占。空着的位置也有说头，据说是留给奕䜣的第一个皇后（她比奕䜣早死十五年）的。慈禧不干，于是就公开争吵，只闹得奕䜣陵墓鸡犬不宁。临了，也没让慈禧如愿以偿。慈禧在先夫陵墓前，当着那么多人的面，真是颜面丢尽。慈禧怀恨在心，总在找复仇的机会。清宫里的这个女人，总有复不完的仇。

慈禧谒陵时的怨气还没出，她自身又出事了。1881年，宫里有一种对慈禧不利的传言，说她不能洁身自好。这里有两个版本，简单一提。一是当朝文廷式的《闻尘偶记》，大意说一个春天，琉璃厂有位姓白的古董商，经李连英介绍得幸于四十七岁的慈禧。白某在宫里住了一个多月后被放出。不久，慈禧怀孕。二是野史记载，说慈禧好吃汤卧果，每天早晨派人去宫门口买四枚汤卧果，由金华饭馆派人送来。金华饭馆有一个姓史的年轻伙计，长得极为标致。史某与李连英混熟后，常被李连英带到宫里去玩。有一天，慈禧发现李连英旁边站着个俊美少年，便问李连英那是谁？李连英十分害怕，因为带外人入宫严重违反宫禁，但又不敢撒谎，只得如实禀告。慈禧听了，不仅没有生气，反而将史某留在宫里，与之昼夜宣淫。

明眼人一看便知道，上面的两则传闻是经不住推敲的。尤其慈禧以四十七岁怀孕一节，就颇为荒唐。我之所以引用上面的野史，意在提醒读者注意，慈禧不检点的私生活并非空穴来风，只不过不是野史叙述的那样罢了。专制时代的国家领导人，人人有一箩筐不检点的私生活，因为他们的保密工作得力，才使得他们的丑态得以掩盖。所谓为尊者讳是也。也因此，当朝人所传说的某个领袖的性丑闻，大多来自捕风捉影的猜测，以及好事者的编排。

我们有理由相信，当时的慈安得到了慈禧生活不检点的第一手资料，她为此感到丢脸，为皇家蒙羞而愤怒，于是就以首席太后的身份，召见礼部大臣，咨询废后程序。礼部大臣说："此事不可为，愿我太后明哲保身。"慈安真是头脑简单，她难道不知道这样一个现实吗？慈禧经过二十年的政治经营，满朝文武现在几乎全是她的人，礼部大臣自然也不例外。慈安就如此重大的问题咨询礼部大臣，岂不是在为自己惹来杀身之祸吗？礼部大臣从慈安处出来，转身就去了慈禧那里告密。慈禧一反常态，气冲冲地跑到慈安那里，怒不可遏地指责她轻信谣言。慈安知道自己已经丢失了制约对方的法宝，看势头不对，就偃旗息鼓，横竖自己不丢皇家的脸就行了。她哪里知道，她没事了，可慈禧没完。当天夜里，宫里就传来慈安暴亡的消息。慈禧的行动可谓雷厉风行。

慈安死了，只剩慈禧一人垂帘听政。没有障碍了吧？不，还有恭亲王奕䜣。1884年，慈禧彻底将奕䜣扒了个干干净净，这一回，连他的王爷爵位都被开革了。这也就是说，慈禧将奕䜣贬为庶人。这一来，政治上的奕䜣，成了一个不折不扣的裸体人。从此，慈禧成为清帝国唯一的掌舵人。

可以说，慈禧与奕䜣起自荷塘之情，至此已全部了结。爱新觉罗家族的时代已经过去，叶赫那拉家族的时代正式来临。

冬去冬来江南岸

现在我们倒拨时钟，回到 19 世纪六七十年代。那是清帝国的一个多事之秋，在前面的章节里，我们已经讲了很多。这一节，我们仅就太平天国的事做一个简单的回顾。从慈禧来讲，这是她政治生活的一部分，也是清帝国历史的一部分。也就是说，这是避不开也不能忽略的一段历史。

说起太平天国，慈禧的丈夫、大清帝国的第七位皇帝奕詝，也再次跟着沉渣泛起。这位短命的风流皇帝一即位，南方的一股"洪峰"就势不可当地向他袭来。"洪"就是洪秀全，"峰"就是他拉起的革命队伍。这的确是一个危机四伏的岁月，在清帝国的领土上，有西方的军队，有洪秀全的军队，还有数不清的农民起义队伍。大清的摇摇欲坠，人人看在眼里，但却是干瞪眼。一国之主的奕詝，仅仅是英法联军就够他头痛的了，对于洪秀全，就更无能为力了。好在他有个不错的内助，这就是他的小老婆慈禧，从中出谋划策，化解了部分危机。

早在 1853 年 3 月，太平军占领南京时，当时的慈禧正得宠于奕詝，她对太平军产生了浓厚的兴趣，常常阅读相关奏章，还建议皇上任命曾国藩为统领，出资让他在湖南组建"抗洪"部队。爱新觉罗家族的福气就在于，原来支持洪秀全的西方军队，感到太平天国实行的政策在理念上与他们相去甚远，干脆掉过头去支持清政府来打压太平天国。1863 年，英国政府允许借戈登大将给清政府，并统领常胜军。与此同时，太平天国内部的激烈分化，导致他们建立的天国迅速瓦解。1864 年 7 月，南京克复，太平天国彻底退出历史舞台。

内战结束后，在曾国藩向中央政府提交的一份报告上，他只字未提戈登。想来，这或许与英法联军火烧圆明园有关，抑或曾国藩怕洋人抢了他的风头去。不管什么原因，曾国藩的功绩都不会被磨灭。他取得的成功，间接标榜了慈禧的推荐之功。所以，随之而来的是成堆的荣誉，眼花缭乱的官衔、爵位，如洪水般涌向曾国藩。当然，最重要的还是直隶总督一职，它是实职，权力也很大。曾国藩卸任后，此职由李鸿章接任，这位后起之秀把这个职务干得出神入化，几乎成了帝国总理的代称。

不知为什么，剿灭洪秀全集团的第五年，即 1868 年 9 月，慈禧才想起来要接见曾国藩。仔细想想也许并不那么令人费解，我们不是说了吗？这个时期的清帝国是多事之秋呀，那么多的头绪，那么多的事待处理，她也得有工夫呀。这工夫一找就是数年。这下，君臣总算碰面了。

那天，慈禧以垂帘听政者的身份，在军机处接见了曾国藩。当时的小皇帝载淳坐在前，两宫太后慈安与慈禧在其后，分左右而坐。按照程序，曾国藩进殿三步后，先跪下自报家门："微臣曾国藩恭请圣安。"奏毕，脱帽叩头谢恩，礼毕起身，前行数步，后跪于坐垫上。这个位子距宝座上的小皇帝载淳很近。大殿内寂静无声。待所有的觐见礼结束，一个平缓的声音才从帘子后面传过来，那是慈禧的声音。下面就是慈禧与曾国藩的简短对话：

汝在江南事都办完了？

办完了。

勇都撤完了？

都撤完了。

何处人多？

安徽人多，湖南人也有些，不过数千，安徽人极多。

撤得安静？

安静。

　　整个接见过程，包括觐见礼在内，也不过几分钟的事。对话之简，玄机之深，时间之短，令人咋舌。我们重点来说说玄机，君臣的对话（慈禧代表君主发言）虽然只有五十多个字，可句句都是关键。

　　慈禧所问第一句的意思是，洪秀全的队伍都消灭干净了吧？没有为我们孤儿寡母留下解闷的东西吧？

　　慈禧所问第二句的意思是，你手里没有军权了吧？洪秀全的军队差点把大清给灭了，这样一支顽强的军队都叫你给灭了，你的军队不解散，万一北上欺负我们孤儿寡母，我们什么招儿都没有。

　　慈禧所问第三句的意思是，你的军队里哪里的人最多呀？潜在告诉曾国藩，我知道你的作战部队都是你家乡的子弟兵，他们最忠诚于你曾国藩。即使这样，也不要打北上的主意，我提防着呢。

　　最可注意的是慈禧所问的第四句，你的湘军裁撤的时候没有闹事吧？你弟弟曾国荃的情绪还算稳定吧？潜在告知曾国藩，曾国荃的不满情绪我是知道的，叫他消停着点，大家都好过些。

　　慈禧最后一句的话中有话，也并非空穴来风。刚刚打下南京的时候，曾国荃就劝曾国藩另树旗帜。曾国藩老谋深算，心想弟弟这不是让我背上乱臣贼子的千古骂名吗？到时候他倒渔翁得利，子孙相传皇位。他想了想，送给曾国荃一首诗：

>　　左列钟铭右谤书，
>　　人间随处有乘除；
>　　低头一拜屠羊说，[1]
>　　万事浮云过太虚。

---

[1] 诗中"屠羊说"的典故，出自《庄子·让王篇》。"屠羊说"本是楚昭王时的一个卖羊肉的屠夫，他因帮助楚昭王复国，功劳很大，楚昭王三番五次请他出来做高官，他辞而不就，仍做他的羊肉老板。

意思是，荣誉也好，毁谤也好，都不过是碧天上的一片浮云，风一吹，就散了，天依然是澄清湛蓝的。更深一层的意思是，劝慰九弟，好自为之，叛乱不得。

未几，北京的上谕就下来了，令曾国荃开缺养疾，并赏他六两人参。在刚刚修复的秦淮河上，曾国藩为野心勃勃的九弟曾国荃送行。这位不可一世的老九，万万没想到，功成名就之时，慈禧竟然给他来了个卸磨杀驴。想到委屈之处，竟当着很多人的面，号啕大哭。

这一切都表明，慈禧的耳目无处不在，这使她对时局的把握精确而到位。也因此，她在接见曾国藩时所说的那几句话，句句都问在要害处，句句都在敲打功高震主的曾国藩。曾国藩走出大殿，感到里面的衣服都湿透了。

1872年，曾国藩去世，朝廷放假三天致哀，以示礼遇。慈禧之所以这么做，是对曾国藩功成名就之后的低调所给予的赏赐。而对于曾国藩来说，这正是他想要的结果。

还尽秋色梧桐落

逼上南京

下面顺带说说洪秀全及其追随者。在宋江们的语境里，有句话叫作逼上梁山，我这里借用过来形容一下洪秀全们，就成了逼上南京。这不是一种准确的描述，但大致可以让我们了解一下洪秀全们的政治处境。

晚清知识分子最大的政治就是参加科举。一个知识分子，你只有迈过这个坎儿，才有讲政治的资格，也就是加入腐败集团，充分享受花天酒地的生活。在专制社会，谁都渴望腐败，洪秀全这位说古中原话的客家人也不例外，于是就年复一年地去赶考。洪秀全从所在的广东花县，到省会城市广州去参加考试，可谓"路漫漫其修远兮"，然而"洪将上下难求索"。我把屈原的诗略加改动，就是洪秀全的处境了，他连考四次，皆无功而返。乃至连士大夫最低级的秀才头衔，都没有得到。自幼就接受儒家系统教育的洪秀全，开始检讨自己的人生之路，他得出一个判断，像他这种社会地位低贱的人，靠科举程序是当不上官，加入不了发财集团的。要想有出头之日，他只能另辟蹊径。这个话题暂且按下，我们来说说在中国沿袭了上千年的科举制度。以下是西方视角下的科举制，文章就刊登在 1875 年 7 月 6 日的《纽约时报》上，题目也很刺激感官，叫作《令人恐怖的考试制度》：

　　大清国的教育，从孩子们很小的时候就开始了。在大街上，你可以看到一群群稚嫩的小男孩们，抱着满满的一包书去上学，他们的书包通常只是个蓝色的布袋。

　　我发现一间教室里，有位长者带着大约二十名学童在念书。孩子们在课堂就座的方式，并不像我们英国孩子那样，他们的课堂里摆有好几张小桌子，每张课桌旁坐着一个或两个男孩。

　　学堂是个非常嘈杂的地方，全体孩子都在同一时刻，扯着他们最大的嗓门叫喊着。他们这样做的目的，是为了能把他们正朗读着的课文背诵下来。当他们觉得自己能背下那些内容后，就去找校长，然后背对着校长，表示他们无法看到校长手中的课本，并开始一字不差地复述他所学到的内容。这种教育方法是填鸭式的，用这种教育方法教育学生，谁记忆力最好，谁的成绩就最突出，而这种做法似乎贯穿于大清国整个的教育过程之中。

　　清国人这种考试制度的宗旨无疑是好的，但它有着非常严重的缺陷。可想而知，一种沿用了上千年之久的制度，无论起初多么完美或符合时代要求，此刻它也绝不可能再适用于已经发生巨大改变的新时代了。能背诵孔孟的著作当然是好的，但如果仅仅把一些简单的词句硬塞进一个人的脑袋里，这绝对算不上是最好的教育方法。人的大脑除了记忆之外，还有别的更重要的功能。把人的知识来源限定在这些古代经典大师们的身上，是大清国教育制度最大的弊端。

　　在我们自己的大学里，一直存在着一种斗争，即是多学经典著作，还是多学一些现代知识。任何明智之士都不会否定对古代知识的研究，但把一个国家的整个教育方式，限定在一条狭窄的思想道路上，肯定是错误的，我们应该向孩子们开放人类知识的整个殿堂。宣称"世界历史就是从创世纪到昨晚十点半"的美国人，在教育上的做法无疑是正确的。我们每天早晨早餐时间阅读的从世界各地发来的电文，就是世界历史没有包括进去的一页；就是这一页，让世界历史总是停在"昨晚十点半"的位置上。

在大清国，士，或称知识分子，他们通常都非常仇恨外国人。他们反对电报、铁路以及一切新鲜的东西。他们阅读的经典著作是孔夫子时代创作的，世界历史或人类思想、智慧的发展史，以及所有事物发展和学问的来源—一切最本质的东西，就在那个时刻停顿下来。从那以后，华人就一直在不断地咀嚼着那几块干骨头，并且，如果有任何其他知识的小舟敢于向他们靠近的话，他们就会咆哮不止。

把教育模式限制在如此狭窄的道路上，致使人的心智就像清国妇女的小脚一样因被挤压而萎缩。清国女孩的脚在幼年时就被人为强制地束裹起来，迫使它们停止生长。而清国男人们心智的发展也被抑制在孔夫子时代的古老水平。这里的女人走起路来，活像一只尝试着用两条后腿行走的山羊，而这里的男人在现代知识的道路上行走时，也如他们的女人一般无能为力。

知识的缺陷，使他们难以理解近年来侵入他们领土的那些外国人，洋人对他们而言几乎是不可思议的。这些外国文明开始的年代晚于孔夫子的时代，而受过中式教育的清国人，就连形成一种科学观念和理性思维所必需的初步知识都没有。在北京国子监的大门外面立有一块醒目的标志牌，上面题道："齐家、治国、平天下，信斯言也，布在方策。"而在这座大门里面的标志牌上则题道："率性、修道、致中和，得其门者，譬之宫墙。"这意味着，在19世纪的大清国，要让一个男人成为其他男人的统治者，其所需的全部学识仅仅就是那些经典著作而已。

在大清国，每个省的省城都设有会考考场，通过这些省城的考试可以获得两个级别的初级功名，即秀才和举人。但更高两级的功名只能到北京去争取——举人经会试考中者为贡士，贡士经皇帝陛下殿试赐出身者为进士。状元是清国功名的最高名位，相当于我们英国的"学位考试甲等第一名"，它又被称为"万中选一"，因为考场能容纳一万名赶考的举子，而每三年只能有一人获此殊荣，此名即由此而来。

　　一次又一次，清国男人们千里迢迢进京赶考，直到他们渐渐老去，头发变得灰白和稀疏。人们想获得显赫功名的愿望是如此强烈！听说有一个人，每次都来赶考，一直考到八十岁。如果有人能坚持到这么大年龄的话，清国皇帝通常会授予他一定的荣誉。

　　在北京的这项争夺是一场异常严峻的考验。考试要持续九天，分为三科。整整三天三夜的时间，这一万考生全部的智慧，就被限制在他们的笔头上，每个人都被关进一块大约仅有一平方码的狭窄空间内，这样可以把他与其他人完全隔开。他必须在这里完成试卷或论文。

　　会考考场占地达数英亩之大，由很长很长的一排排小房间组成，这看上去有点像个巨大的养猪场。考场四周立有不少塔楼，上面站有监考人员在一直监视着考场。监考官禁止外面的人与考生交流，也不准考生之间相互沟通。

　　一万考生（其中有些年纪已经很老了）就这样被关在小房间里，三天三夜，而前后一共要进行三场这样的考试，这真是一项痛苦欲绝的考验。常常有这样的事情发生，就是一些年纪较大的考生死在了里面。这种情况下，人们就从外面凿个洞，把尸体拖出去扔掉。这样的结局对一个人的求学生涯来说，真是再悲惨不过了。

　　洪秀全亲身体验到了科举的恐怖，他决定来个娜拉般的出走。这时，恰好西方的基督教盛行于清帝国，他不加选择地投入其中。洪秀全自幼是信仰儒教的，可儒教又断绝了他的发展之路。是西方的基督教，把他对生活的希望重新燃起。洪秀全信仰基督教的第一个举动，就是把家中供奉的孔孟牌位和儒书，全部捣碎烧掉。

　　洪秀全的离经叛道行为，使当时的社会大为震骇，卫道士们群起而攻之，他不得不逃到广西躲避。不料，洪秀全因祸得福，他在广西反而找到很多志同道合的人。天助洪秀全的是，仅1850这一年，广西一省中就有九支民变队伍（每支都拥有千余人或七八千人）。一方面是广西连年旱灾，民不聊生；一方面是贪官，老百姓是雪上加霜。这就激起了民变，不仅广西，全国遍地都是。洪秀全一看机会到了，便把他的信徒组织起来，也成立了一支民变队伍，名曰：太平军。

清政府也是谁的头大，就先打谁。于是，太平军就成了清政府大规模清剿的首选目标，洪秀全所在的金田村被清军层层包围。我们所不能想象的是，一支民变队伍，居然在帝国正规军的层层包围下，能够突围北上。不仅如此，1851 年太平军还攻陷永安（广西蒙山），并在那里宣布建立太平天国，洪秀全被尊为天王，是为太平天国元首。同时，洪秀全把追随他的五位杰出助手，统统加爵封王。1852 年，太平军放弃永安，攻陷广西全境后，挺进湖南。1853 年，太平军攻陷湖北武汉，顺长江东下，最后攻陷江南最大的城市南京，正式将这里定为国都，改称天京。这就是我所说的逼上南京。

咱们掐指算算，太平军从成立到宣布建国、定都，前后才用了多长时间？不过就三四年的时间嘛。他们何以如此越被打越壮大、越被剿越成器（建国）？原因就在于大清帝国太腐败！腐败的执政集团派一支腐败的军队，去打一支农民队伍，胜利的却是后者。看上去是一个天大的悖论，可这就是事实。明末腐败集团在面对李自成、张献忠的农民队伍时，不也是腐败如山倒吗？农民本是专制体制下最弱不禁风的一个群体（还不能称之为群体，很多时候，他们直接就是一盘散沙），可当执政集团彻底腐败之后，他们连处于最弱势的一个群体都打不过了，甚至在弱势群体面前不堪一击。可见腐败是多么可怕！这纯是学术观点，并不能从根本上改变那些猪猡式政客的行为方式——他们的观点是，腐败有利于巩固执政集团的统治地位。

猪猡式的政客想当然地认为，只要对全国的官员足够好，他们的政权就固若金汤。可你看看隋朝的杨广，对全国的官员够好了吧，结果隋朝很快就垮了。你再看看宋朝，他们对全国官员之好，到了无以复加的地步，可当北方的马上民族打来的时候，官员们竟然帮着外族军队搜罗皇室成员，猪猡式政客是以被一网打尽。清朝公然纵容腐败，就从其第四代领导人乾隆开始，进而造就了特大号的腐败分子和珅。之后，腐败就像魔咒一样，一直伴随着清帝国，直至其灭亡。

闲话少叙。接下来我想说的是，在晚清多如牛毛的民变队伍中，太平军何以一枝独秀呢？想来这缘于他们的基督教信仰，缘于他们的政治策略。太平天国最吸引人的地方，当属以下改革措施：

> 禁止妇女缠足；禁止吸食鸦片；禁止偶像与祖先崇拜；禁止娼妓；禁止男子娶妾；禁止人口买卖；禁止饮酒；禁止赌博；禁止迷信巫师巫婆；割掉男人的辫子；实行土地改革；创立田亩新制度；收土地为国有；照人口平均授田；废止阴历，改用阳历。

上述举措，是所有清帝国人民憧憬和向往的，洪秀全能不得到辖区人民的拥护吗？太平军也因此以摧枯拉朽之势，占领半个清帝国长达十四年之久。

退去的"洪峰"

太平军以摧枯拉朽之势建国立业，又以摧枯拉朽之势走向灭亡。这又是怎么一回事呢？我们在前面一节中曾经提到过，这与西方国家改弦易辙，掉头去支持清政府有关。更重要的一个因素是，洪秀全们自己打败了自己。太平天国的开国领袖们，不允自己的干部纳妾，他们自己却三宫六院地养女人（仅就洪秀全而言，其名正言顺的后妃娘娘就有八十八名）；他们禁止偶像崇拜，洪秀全自己却大搞个人崇拜。洪秀全们从无产阶级摇身一变成了有产阶级后，其最高领导层便日益腐化，他们贪图享乐，大兴土木，建宫造殿。他们过去所反对的（比如腐化、堕落等等），今天就是他们所身体力行的。随之而来的就是内讧，开国领袖们大部分死于自相残杀。最后，洪秀全几乎成了光杆司令。曾国藩的部队攻下南京时，湘军发现天王的很多妻妾们被吊死在树上。令胜利者们想不到的是，他们日夜向往的南京城，竟然是一座十分荒凉的城市，居民稀少异常，大街上饿殍遍野。

攻陷南京前，曾国藩的弟弟曾国荃就对他的战士们说："攻下江宁，弟兄们就痛痛快快地烧杀掠夺去吧，发财的机会就要到了。"然而，清帝国的野兽们得到的却是一座空城（倒是曾国荃在打下安庆时，把英王府的全部财产运回老家荷叶塘，给他的每个兄弟买了田，起了房）。南京这座不幸的城市，早已在洪秀全们的蹂躏下，皮毛不存。以洪秀全为例，响当当的"一国之主"，其在生命的最后几天，也是以野草充饥的。最后，贫病交加，于1864年6月1日一命呜呼。之后的一个多月，十多万太平军将士横尸南京，一段曾经轰轰烈烈的历史，以血流成河的方式悲惨收场。这注定洪秀全及其追随者们，只能是历史的一个匆匆过客。

"洪峰"退去，太平军占领下的土地，重新回到清帝国的怀抱，重新回到大黑暗的时代。人民从一个火坑跳向另一个火坑。在火坑之间，怎么选择，都是悲剧。太平天国存在的十四年，造成清帝国约两千万人丧生。这其中，军人有多少，人民又有多少，无法统计，可以预知的是，无论哪个时代的战争，人民都是第一受害者。

所以说，历史上所有的农民起义，都只有破坏性而无建设性，他们打碎一个旧世界，又建立起一个旧世界，用文物管理术语来表述，就是"修旧如旧"。这当然是指制度方面。中国农民从来就没有想着要建立一个新的制度，他们也没有这样的思想和意识，有的只是学样，就如满族人入住中原，一切政治制度沿袭明朝。中国人的思想里，最多的是君权、皇权、王权，唯一没有的是人权。反对君权、皇权、王权的人，一旦登上大宝，便不再反对君权、皇权、王权，且变本加厉地维护他们曾经极力反对的东西。这是中国历代政客们的全部政治观，也是他们最大的世界观。在他们眼里，除了绝对的权力，别无其他。

仅就中国而言，皇权由农业文明而来，因此中国的历代政权，都属于小农政权。小农政权的规律是，建国→创业→腐化→垮台。中国历朝历代政权，无不遵循这条道路而来，也无不遵循这条道路而去。往复循环，恶性循环；子子孙孙，无穷无尽；你方唱罢，我又登场。照理说，中国人也不缺乏智慧，可就是走不出这个怪圈。

太平天国内讧

太平天国内讧，史料错综复杂，莫衷一是。我们不必在意细节，一个不争的事实是，内讧重挫了太平天国。下面仅提供太平天国内讧的版本之一。1856年，东王杨秀清在南京金龙殿公开威逼洪秀全封他为万岁。洪密令正在江西与曾国藩作战的北王韦昌辉，以及在湖北战场上的翼王石达开回京护驾。韦昌辉迅速回军南京，并带兵冲进东王府，把杨秀清和他的侍从全部杀尽。接着又以苦肉计，将杨秀清赤手空拳的五千多禁卫军诱至两座空屋，遂将他们一个不剩地杀掉。杨秀清部从随即展开反击，之后的三个月里，南京城里血流成河，尸积如山。在这场内讧中，杨秀清部两万余人最终全部被杀，甚至连婴儿也未能幸免。之后，洪秀全又联络朝中各官，将韦昌辉杀死。

回肠荡气鸭绿江

日本势力的西进

晚清是一个大事连着大事的时代，然也"忙里偷闲"，淡出近二十年（1875—1894）的时光，让这个苟延残喘的帝国喘口气。也可以说，清帝国这二十年，除了皇帝载淳死、东宫慈安死、载湉即位以外，基本没甚故事。这段时光，恰逢慈禧的政治黄金期，其年龄也处在最佳阶段——四十至六十岁。就按 1875 这一年算起，慈禧也已经独立执掌帝国十四年之久，其行政工作经验已有所积累。倘无运筹帷幄的能力，她是无法按照自己的意愿来安排大清帝国的接班人的。其后的近二十年，一切就更不在话下了。这就不难想象，慈禧在这二十年中，可以说是享尽太平，饱淫奢靡。

咱们换个角度去想一想，这是多么重要的二十年呀！在前面我们曾经提到过，清帝国与英法联军的战争结束后，以恭亲王奕䜣为核心的领导集体，来了一个西化运动：一、购买西方列强的军舰大炮；二、设立自己的兵工厂；三、派留学生到西方各国去学习。曾国藩与李鸿章，都是西化运动的积极参与者。倘若没有清帝国的第一次西化运动，我们真的不知道清军何以能打败太平军。这眼见的成效既已表明，清帝国的西化运动是一个正确的选择，应该继续沿着这个方向发展下去。我们也可以把邓小平的洋为中用拿来说事，以二十年（1979—1999）来计算，到 1999 年的时候，中国真的是令世界刮目相看了。

再走十年，到 2009 年的时候，中国的经济、军事等等，不知有多少了不起的业绩，令当代中国人扬眉吐气。也因此，中国在国际社会开始拥有更多的话语权。这更加验证了打开国门的重要性。假如慈禧能把自己的政策延续下去，想来大清帝国就是另一幅身影立世了。可惜可惜，在西化的运动场上，慈禧跑了没几圈就厌了，她的兴趣一过，一切恢复如旧。作为帝国一把手，她的唯一兴趣是在饱淫奢靡之余，玩玩权术，玩玩皇帝，玩玩大臣，玩玩太监，玩玩宫女，玩玩男人。

慈禧玩兴正浓时，也就是在嫖客型皇帝载淳一命呜呼的那一年，即 1875 年，日本人也玩起来了，可人家不玩自己人，却跑到清帝国的后院，玩起了他国。这时的清帝国虽已是风雨飘摇，可它的后院也就是藩属国依然存在，所谓瘦死的骆驼比马大是也。在若干藩属国中，朝鲜是清帝国最重要的一个后院，它在清帝国与日本之间，形成了一个缓冲区。日本岛国，一向具有强烈的忧患意识，而且极富想象力，想象有一天日本诸岛的沉没。因此，他们总是试图为自己寻找一块可供逃离的陆地。向东那是不成了，波涛汹涌的太平洋只能令他们绝望；向西那才是柳暗花明村连村，第一村朝鲜，第二村清帝国，那真是一村大似一村，多吸引人呀。日本借助西化，成为亚洲强国后，其第一个动作就是西进。当清帝国的第一老娘们慈禧玩得忘乎所以的时候，日本人以船坚炮利的方式，打开了朝鲜的大门。这是西方人对付亚洲各国的手段，日本则效法用来对付自己的邻居。朝鲜屈服了，并与日本人签订了《江华条约》，其主要内容为：

一、日本承认朝鲜为独立国家。

二、日本在朝鲜享有领事裁判权。

三、朝鲜开放元山、仁川为通商港口。

看《江华条约》第一条，我们就知道日本人的用意之深，他们的目的就是要把朝鲜从清帝国的怀抱里给剔出来。这样，他们今后在朝鲜事务上，就可以堂而皇之地插手，而不必在意清帝国的感受。朝鲜的惯性思维是，凡事要向宗主国通报，于是把条约的内容和签约经过，报告清帝国。须知，清政府此时正全力收复新疆，无力反应，就劝告朝鲜的李氏王朝乘机主动开放门户，跟世界各国广泛地建立外交和商务关系，以使日本的力量受到牵制。然朝鲜宰相金允植却说："与其通洋而存，宁愿绝洋而亡。"他们那种闭关锁国的精神，一点都不亚于爱新觉罗王朝。

中国的帝制史上，一向有所谓的"外戚当政"问题，也就是皇帝的母亲、舅舅，以及皇帝的老婆实际掌权。19 世纪的朝鲜李氏王朝，正处于这么一个政治状态，其政权不在李氏之手，而在王妃闵氏家族手中。情形上很有些像它的宗主国清政府。清政府实际掌权的不是爱新觉罗氏，而是太后叶赫那拉氏。就连一些弊端都基本相同，慈禧拿军费修颐和园，朝鲜的闵氏在执政期间，仅积欠军队的粮饷，就有十三个月之多。1882 年，汉城（首尔）爆发兵变，忍无可忍的士兵攻击王宫，闵妃负伤而逃，国王李熙被囚。随后，兵变队伍又攻击了支持闵氏家族的日本公使馆，若干日本军官被杀。李熙的父亲、前任摄政王（大院君）李昰应出面维持秩序，暂时主持政府工作。人们坚信，这次兵变的总导演就是李昰应。

朝鲜兵变使得清帝国和日本国都大为不满，于是，清日两国的军队分别登陆朝鲜。清国远征军司令（广东水师提督）吴长庆，以迅雷不及掩耳的手段拘禁了李昰应，并专舰送回清国，迎接国王李熙复位。日本本想大做文章，因朝鲜秩序已恢复，只好以接受朝鲜赔款五十万两白银了事。更重要的一点是，日本还与朝鲜签订了《济物浦条约》，允许日本在朝鲜保留部分驻军，以保护其公使馆的权利。

1884 年，朝鲜再次遭遇动乱（史称甲申事变）。清日以此为平台，一番较量之后，于 1885 年签订《天津条约》，规定清日两国同时自朝鲜撤军，朝鲜如果再生变乱，需要出兵时，由两国同时出兵。该条约使朝鲜成了清日两国共同的保护国。

甲午战争

清帝国是不希望朝鲜有事的，慈禧尤其不希望。她喜欢太平盛世，那样她就可以天天在宫里看戏玩人、居高临下、盛气凌人、如鱼得水、为所欲为，那日子真叫一个美。大清帝国的各级官员也顶喜欢太平盛世，这样他们就可以肆无忌惮地贪污受贿，慈禧是上皇帝，他们就是土皇帝；慈禧玩皇帝、玩大臣，他们就玩手下。对于慈禧、对于清帝国的各级官员来说，这样的和谐盛世，万岁都不够，最好是永永远远，万岁万岁万万岁。这是大清帝国的情况，日本人可不希望朝鲜四平八稳，那样会阻碍他们西进的步伐。日本人等啊，盼啊，九年后，机会终于来了。

1894年，朝鲜再次发生动乱。起因缘于一个叫作东学党的组织，他们的原则是反抗暴政，反抗除清国人以外的所有外国人及其组织。前文说过，汉城（首尔）兵变被平息后，国王李熙复位，那么闵氏家族也就得以重新执政。李熙得到清帝国的支持，而闵氏家族得到日本的支持。很显然，东学党又倾向亲清。闵氏家族自然忌恨东学党，因而用最残酷的手段镇压他们。令闵氏家族没有想到的是，他们的做法却激起全国大暴动，朝鲜的局势进而失去控制。朝鲜的李氏王朝只好请求清帝国派军平乱。依照清日《天津条约》，清军出发时，通知了日本，两国军队遂同时登陆朝鲜。这是让日本窃喜的一个天赐良机，他们打定主意，这次重返朝鲜就不再走了。

清日军队在朝鲜登陆的同时，东学党即行溃散，变乱霎时归于平息。事后，清国告知日本，说事态已平，按照《天津条约》的规定，两国军队该同时撤离朝鲜了。日本却抛出种种理由，拒绝清国的撤军建议。不仅如此，日军还突然占领了王宫，并逮捕了推行暴政的闵氏家族，说是以此消除朝鲜人民的怨恨。与此同时，日本人再次把李昰应搬出来，把他安在摄政王的位置上。那么国王李熙就成了傀儡的傀儡。李熙在双重压力之下，下令废除了跟清帝国签订的一切条约，又下令征召日本军队，把清帝国军队驱逐出朝鲜。

清帝国得知消息，紧急向朝鲜派出增援部队。1894 年 7 月 25 日，当运送陆军的"济远"号、"广乙"号两艘军舰回航至距牙山六十公里的丰岛海面时，受到日本舰队的偷袭，"广乙"号搁浅自沉，"济远"号则落荒而逃。日舰在追击途中，遭遇清帝国的第二批增援部队，他们所乘的"高升"号舰船被击沉，"操江"号护航舰缴械投降，船上所载运的军饷二十万两白银，为日军所缴获。就这样，清帝国的第二批一千二百人的增援部队，最后只有七十多人逃生。1894 年 8 月 1 日，清日两国同时宣战，甲午战争正式打响。

整个甲午战争，分陆、海两个战场。清帝国驻防牙山的陆军，自丰岛海战后，就受到日军的猛烈攻击，因无法抵抗，便向汉城（首尔）以北二百公里外的重镇平壤撤退。在那里，清帝国集结了一万四千人的军队，司令官为叶志超。日军以相同数量的军队，向清军发动攻击，清军居然溃不成军。究其原因，是他们的司令官叶志超首先望风而逃。日军乘胜追击，跨过鸭绿江，深入到清国的辽东半岛，并顺利地占领了战略重地旅顺港。随后，丧心病狂的日军开始屠城。旅顺在日军的那次种族灭绝式的大屠杀中，仅有三十六人逃生。

接下来是清日两国在黄海上的较量，清帝国的北洋舰队由十二艘战舰、两艘炮艇、四艘鱼雷艇组成，日本的舰队由十二艘战舰、四艘鱼雷艇组成。海战进行了五个小时，清帝国有五艘战舰沉没，余皆带着重伤逃走。日本除旗舰"松岛"号重伤外，无一舰被击沉。

这时的北洋舰队，仍有二十六艘军舰（七艘战舰、六艘炮艇、十三艘鱼雷艇），它们正集结在山东威海。旅顺陷落后，作为北洋舰队基地的威海，一下子被推到最前线。黄海战役三个月之后，日本海陆夹攻威海，其陆军由山东半岛最东端的成山角登陆，并攻陷威海的要塞炮台。北洋舰队在日本陆军面前，暴露无遗。日军在陆地与海上，对北洋舰队形成夹攻之势。清日的威海一战，历时二十四天全部结束。1895 年 2 月 21 日，曾煊赫一时的北洋舰队，在它的诞生地画上一个悲惨的句号：北洋水师全军覆没。

北洋舰队是清帝国西化运动的伟大成果，它同时也是世界上的第七大海军舰队。令人难以接受的是，在世界海军舰队中排名第十一位的日本，却把北洋舰队给灭了。威海战役刚一结束，慈禧便急了。她急什么？你放一百二十个心，她绝不为北洋舰队的沉没而急，她之所急，仅仅是她的生日临近，她希望快快与日本做个了结，以便她能心情愉快地过六十岁大寿。仅凭这一点，大清帝国就该亡，亡它个五次十回也不解恨。

1895 年 4 月 17 日，李鸿章代表清帝国，在日本签订屈辱的《马关条约》，其中清帝国割让辽东半岛、台湾、澎湖列岛给日本。清帝国赔偿日本军费二亿两白银。

紫禁城里喜洋洋

我们倒回去说说慈禧庆寿的事。按照公历的算法，1895 年才是慈禧的六十大寿。中国人有个传统，过大寿时，特别忌讳在整数那年过。比如六十大寿，就不能在当年，一般提前一年，或推后一年。慈禧就提前在 1894 年，也就是农历甲午年的十月初十。我们在前面曾经说过，到慈禧五十九岁的时候，她饱太平、享奢靡，已近二十年。之前的慈禧，就有了一个如意算盘，打算在她六十大寿的时候，轰轰烈烈地庆贺一番。因为早就考虑到了，所以，慈禧"六旬万寿庆典"的活动，早在 1892 年就开始筹备了。甚至在载湉亲政之初，他就命令海军及其他政府部门筹集资金，修复被英法联军糟蹋的颐和园。经过 1889—1894 年五六年间的努力，在慈禧六十大寿时，颐和园已基本修缮完工。在为慈禧庆寿的一份文件中，载湉皇帝指示说：

> 甲午年，欣逢花甲昌期，寿宇宏开，朕当率天下臣民胪欢祝嘏。所有应备仪文典礼，必应专派大臣敬谨办理，以昭慎重。著派礼亲王世铎、庆亲王奕劻、大学士额勒和布、张之万、福锟，户部尚书熙敬、翁同龢，礼部尚书崑冈、李鸿藻，兵部尚书许庚身，工部尚书松溎、孙家鼐，总办万寿庆典。该王大臣等其会同户部、礼部、工部、内务府，恪恭将事，博稽旧典，详议隆议，随时请旨遵行。
>
> （《皇太后六旬庆典档案》）

庆寿那天，仿康乾成例，早上先在皇宫接受王公大臣的朝贺，然后乘銮驾从紫禁城西华门至颐和园东宫门。按照慈禧的指示，工程人员设计了《万寿点景画稿》，即所经路段分设六十个点景，建造各种形式的龙棚、经坛、戏台、牌楼和亭座，以显示"圣寿"的隆重豪华。同时，在北京和颐和园之间的大路上，矗立起一座八公里长的凯旋拱门，以示对慈禧的尊崇。然后，在颐和园内摆宴看戏。

慈禧的六十大寿方案制定后，由军机大臣、礼亲王世铎担任庆典总指挥。随后，庆典准备工作便大张旗鼓地展开，诸如粉刷、油饰庆典场所，添置庆典礼服，责令江西烧制绘有"万寿无疆"字样和各种吉庆图案的餐饮具。全国各地以九为基数的圣寿礼品，也开始源源不断地运往京城。

如此铺张的庆寿活动，钱哪来呢？海军那边不是有钱吗？拿过来用不就行了（几千万的海军经费，真正拨给海军的不过百分之一，余者皆被慈禧挪用修理颐和园和过生日）？还不够？有办法呀，大清国的干部是干什么吃的？叫他们捐献自己薪水的百分之二十五作为生日礼物献给老佛爷，不就得了？甭担心这些干部会为此而饿肚子，他们个个是娴熟的敲诈犯、勒索犯、贪污犯，[1] 这些鱼肉百姓的专家们怎么会饿肚子呢？结果令行钱至，几百万两白银从全国贪官们的腰包里，流进慈禧的私人金库里。海军经费与贪官们的捐款，为慈禧的万寿庆典铺平了道路。

日本不作美[2]的是，正当慈禧六十大寿的庆典筹备工作紧锣密鼓进行时，日本舰队在黄海挑起战事。1894 年 8 月 1 日，清日宣战。然而，这并不能阻挡慈禧过六十大寿的兴致。一切相关的工程和筹备工作，照常进行。可是前方战事吃紧，军费告急，朝中部分官员忧心忡忡，他们纷纷上书，呼吁停止庆典工程，节省经费支援前线。户部尚书翁同龢更是在奏折中历陈户部筹

---

[1]　慈禧有话："通天底下一十八省，哪里来的清官？"（《官场现形记》第十八回）这就是慈禧对大清国干部的评价，也不可谓不中肯。

[2]　日本政府之所以选择 1894 年发动这场侵略战争，原因之一就是："日知今年慈圣庆典，华必忍让。倘见我将大举，或易结束，否则非有所得，不能去也。"（《李文忠公电稿》）

款之艰难，请求停止祝寿事宜。慈禧看到户部的报告后，大发雷霆，她非常生气地说："谁让我一天不高兴，我就要他一辈子不高兴。"慈禧用卑劣手段，把户部尚书兼军机大臣的翁同龢吓了回去，翁部长一看慈禧生气了，就赶紧改口上奏说："查停工一条，系指以后寻常工程，其业经兴办之工，毋庸停止。"

甲午战争搅乱了慈禧的庆寿计划，清军在前线的接连败北，也让她祝寿的心情大减。随后的9月25日，慈禧不得不下令，取消了在颐和园的庆典活动，也取消了从紫禁城到颐和园的"点景"工程。所有庆寿典礼，仅在紫禁城内举行。也正是从这天起，王公大臣以及各省大员开始陆续呈进万寿贡物，慈禧六旬庆典的序幕由此拉开。1894年11月7日，为慈禧生日的正典。正当群臣在宁寿宫内恭贺老太婆六十大寿的时候，前线传来消息，日军占领大连湾，旅顺危在旦夕。然而慈禧不为所动，依旧大宴群臣。宁寿宫内，载歌载舞，一派和谐盛世景象。下面是慈禧寿辰正典日的基本活动。

辰时，慈禧着礼服，由乐寿堂乘八人花杆孔雀顶轿，出神武门，进北上门，至寿皇殿烈宗前拈香行礼。再至承乾宫、毓庆宫、乾清宫东暖阁、天穹宝殿、钦安殿、斗坛等处拈香行礼，之后回乐寿堂。

已时，慈禧由乐寿堂乘轿出养性门，升皇极殿宝座。礼部堂官引皇帝载湉，从宁寿门中门进来，跪在慈禧面前进表文。监侍员跪接表文，安于宝座东一旁的黄案上。载湉步行至宁寿门槛外的褥子上，率王公大臣等向慈禧行三跪九叩礼。礼毕还宫。

之后，慈禧接受皇后、瑾妃、珍妃、荣寿固伦公主、福晋等女眷的参拜。礼毕，慈禧还乐寿堂，坐到宝座上，接受载湉跪呈的如意以及皇后率瑾妃、珍妃等跪呈的如意。

这些烦琐的仪式完毕后，慈禧由乐寿堂乘轿至阅是楼院内降舆，皇帝率皇后、瑾妃、珍妃等，提前赶到那里跪接慈禧。最后是进膳、看戏。戏毕，皇帝依旧率皇后、瑾妃、珍妃等跪送慈禧乘轿回到乐寿堂。

这样的庆典，已是因为甲午战争而简化了的，仍令亲身参与其中的翁同龢瞠目结舌，他在日记中写道："济济焉，盛典哉！"而这一天，清国将士正浴血疆场，失地百姓正惨遭日军的屠戮。

　　慈禧在帝国面临大敌的情况下，照旧举行盛大的生日宴会。慈禧的丈夫奕詝也就是那位咸丰皇帝，在英法联军侵入大清帝国的时候，照旧在圆明园的正大光明殿，举行他的三十岁生日庆典，百官朝贺，演戏四天。这就是说，晚清领导人在任何情况下，都能创造出他的盛世来，清王朝的腐朽已经到了核心部位，无药可救！

上野公园举国欢

清日甲午战役期间，清军节节败退，就在这个时候，慈禧在宁寿宫愉快地度过了她的六十大寿。未几，日本人便在东京上野公园狂欢，庆祝自己的军队在清帝国境内取得的一个个胜利。1895年1月14日的《纽约时报》，以《节日盛装的东京欢庆战争胜利》为题予以了报道：

华盛顿1月13日讯：为纪念日本在海上和陆上取得的节节胜利，日本于12月9日在东京举行了盛大庆典。至少有四十万人参加了在上野公园举行的庆祝仪式。铁路公司降低了各地到东京的火车票价。铁路公司为了满足乘客需要，不得不加班加点地增开列车。旅馆和客栈也迅速挤满了来自四面八方的人群，甚至有许多私人住宅也变成了旅馆。

大游行拉开了庆典的序幕。参加游行的人数之多，以致街上的游行队伍根本分不清谁是谁了，完全变成了乱糟糟的人海。打头的游行队伍已经到达上野公园很长时间后，队尾还聚集在日比谷动弹不得，人的长河足足延续了四英里。

由各行各业工会的工匠们、学校的学生们、工厂的工人们、商业公司的职员们，还有许多上流社会人物汇集而成的人群，伴随着乐队的节奏行进。成百上千只喇叭和号角的吹奏声、喧天的锣鼓声，游行队伍和站在游行队伍两旁观看热闹的人们，那此起彼伏的欢呼声混合在一起，震耳欲聋。各式各样书写着稀奇文字的旗帜、横幅、军旗漫天飞舞；在马车上身着节日装束的神父们、欣喜若狂的孩子们、市议会的议员们、来自内地的代表们喜气洋洋地走过去了；装饰成各种式样的花车在人们的簇拥下开过来了，有的车上用竹竿挑着纸糊的或用柳条编成的人头，表示被斩首的清国人，摇摇晃晃地开过来了，引起人们的哄笑。当队伍到达皇宫时，人们的欢呼声响成一片，声震云霄。

在上野大街上树立起一道巨大的拱门，游行队伍必须从下面穿过。在这道拱门上面满缀着帝国之花——菊花，黄色的花朵在绿色的背景上面组成了如下文字："武运长久"和"大日本帝国万岁"。

上野公园庆祝胜利的盛装犹在，甲午战争便接近尾声。一向被清国人看不起的东瀛倭寇，竟成为最后的赢家。作为战败国的清帝国，在战后赔偿日本两亿三千万两白银（凭借这笔巨款，日本进一步发展了工业和扩军备战。今之日本下关地区新干线路侧庞大的钢铁工业，就是依靠这笔资金起步的），并割台湾给日本。战争赔款，使当时年财政收入只有八千万日元的日本一夜暴富，日本也由此取代清帝国，成为亚洲第一强国。

日本何以迅速崛起呢？众所周知的是得益于他们的明治维新。另外一个原因很少被提及，那就是日本幸有一个明治天皇。1890 年以后，日本以国家财政收入的百分之六十来发展他们的海陆两军。1893 年起，明治天皇又决定每年从自己的宫廷经费中拨出三十万元，再从文武百官的薪金中抽出十分之一，添补到海军军费中。清帝国恰与日本相反，有慈禧这么一号人物。明治天皇从自己的宫廷经费中拿钱出来，为的是加强海军建设；从文武百官的薪金中抽出部分薪水，还是为了加强海军建设。慈禧呢？她是把海军经费拿来为自己过生日；她抽取清帝国官吏每人薪水的百分之二十五，还是为了自己过生日。清帝国不亡，谁亡？清帝国不亡，无天理。

驻英公使郭嵩焘曾致信李鸿章，说船坚炮利是国之末微小事，政治制度才是立国的根本。而清帝国在甲午战争中的惨败，恰恰是政治制度造成的。日本天皇只是一个象征性角色，他代表国家，却不负管理国家的责任；权力在军人或内阁那里，但拥有执政权的人，又没有天皇那样的凝聚力、向心力和号召力。我们说，日本的制度，还有某种制衡存在。清帝国则实为野蛮政治制度，即极权专制。在这种形态的国家，处处体现一元化领导机制。在一个国家，一个人说了算；在一个省，一个人说了算；在一个部门，一个人说了算；在一个家，还是一个人说了算。这样的野蛮政治，一个省因一个人而兴亡；一个国也因一个人而兴亡。甲午战争之际，慈禧当政，那么大清帝国也因这么一个老娘们而兴亡。她要过六十大寿，就没有人敢制约她。所以，身为庞然大物的大清帝国，最终成了小小岛国日本的手下败将。

直到 1902 年，慈禧才切实地感受到一人说了算的弊端，她在谈到英国女王维多利亚时说："她有能干的人在国会里做着后盾，凡事他们都能替她商讨出一个最好的法子来，她只要在命令上签一个名就好了，又不用她说话。但是我呢？我有四万万的人民，个个都要靠我一个人判断。虽然我有军机大臣可以商量，但他们也只不过在无关紧要的时候说几句话，逢到重大的事，还是要由我决定。"

你不要以为这个行将就木的老太婆是在反思帝国的政治制度，她是在为自己西逃时（1900 年）所受的罪而反思。她这番话的意思是，假如她有维多利亚女王之福，也就不会有八国联军侵华了，她也就不会狼狈逃窜到西安去了。野蛮政权的领导人反思任何问题，绝不会站在国家、民族的角度去考虑问题，他们的出发点永远只有一个：自己。这个"自己"里面包括一己、一族、一姓。在不伤害"一己"的情况下，才考虑一族、一姓的生死存亡。当然了，在野蛮政权领导人嘴里，一己、一族、一姓最终被偷换成模糊概念"人民"出笼，慈禧之流也就把自己打扮成了一个公仆形象。她一个人为四万万人民来判断，真可谓鞠躬尽瘁，死而后已了。因四万万人民靠慈禧一人来判断，清帝国才在甲午战争中败得如此惨烈，这就是一人说了算的"好处"。

第三章
迷途的羔羊

　　在整个颐和园里，似乎都弥漫着一种不祥的气氛。四起的谣言，让载湉愈加惶恐不安。一种说法是，保守派上书慈禧，要求杀了康有为、梁启超；一种说法是，奕劻、李连英跪请慈禧重新垂帘听政；一种说法是，下个月当载湉陪同慈禧到天津阅兵时，慈禧将废黜载湉，另立新帝。这些传言，让载湉无所适从，他深深感到危机就在眼前。于是，这位莽撞的年轻人开始抓寻他的救命稻草。

可怜一个傀儡帝

甲午战争的时候，大清帝国的傀儡皇帝载湉已经二十四岁。载湉十九岁那年，已被归政。换句话说，慈禧在 1889 年早春载湉大婚成年时，已把帝国的大权，还给了法律所有人载湉，她本人退居二线，到颐和园内养老。这在宫廷政治中有个术语，叫作撤帘。大清帝国的这道帘子，自慈禧开始，便三起三落。[1] 我们说，这都是理论上的。无论是载淳还是载湉，这两位晚清皇帝的所谓亲政，最终还是要归于"朝廷大政，必请命乃行"。朝廷的大政请谁的命？就是慈禧呀。所以说，大清帝国无论谁当皇帝，只要慈禧一息尚存，他都是不折不扣的傀儡皇帝。那么慈禧的所谓撤帘，也实在不具任何政治意义。

同是傀儡皇帝，载湉还不同于他的堂哥载淳。载淳死得早，这个多病、懦弱又花心的青年，懂事后基本上没经历过什么大事，就死了。载湉就不同了，他赶上了甲午战争，而且是在他的所谓亲政期。在慈禧与载湉之间，虽然还有一道无形的帘子挂在那里，可毕竟当下的载湉是大清帝国的"法人代表"，一个国家对内对外事务的成败，他都必须承担起应有的责任，而慈禧则不必愧疚。所以，她才在甲午战争期间，没事人似的在紫禁城内过她的六十大寿。

载湉在慈禧寿诞上跑上跑下、跪接跪送，再清晰不过地告诉我们，在这

---

[1] 慈禧垂帘听政共分三次，分别是 1861—1873 年、1875—1889 年、1898—1908 年。

对"姨与外甥"之间，既不是亲情关系，也不是宗法关系，而是主仆关系——清朝皇室的老娘们慈禧是趾高气扬的主子，大清帝国的皇帝载湉是低眉顺眼的奴才（可怜的载湉，有时连做奴才的资格都没有，甚至比丧家狗还悲惨）。在这种情况下，帝国之政，载湉又能亲得了几多？然而，这个血气方刚的年轻人，还是被甲午战争的惨败，以及随之而来的列强瓜分清帝国的事实给激怒了，他几乎以把牙咬碎的决心，去效法日本，彻底改革清帝国。于是就有了戊戌变法，我们也可以把它称之为晚清历史上的第二次西化运动。相对应的，恭亲王奕䜣领导的那次洋务运动，谓之第一次西化运动。下面所说，即为第二次西化运动。

康有为出道

　　从时间点上讲，1895 年清帝国战败，1898 年便开始实施戊戌变法。这中间差不多浪费了近四年时间，整个帝国高层，都无所作为。我们感叹清帝国是老得不可救药了，它是该被历史扫地出门了。

　　即便是 1898 年的改革，也不是由高层发起的。它源自帝国知识界的努力，其代表人物就是康有为。话题还要回到 1895 年 4 月，当时北京正在举行全国统一考试，来自各省的一千三百多名考生，对《马关条约》的签订愤恨交加。于是，愤青们推举广东来的考生康有为，让他代表大家向皇帝请愿，提出拒和、迁都、练兵、变法的主张。同时要求效法日本西化，建设强大国家。可惜的是，请愿书未及上传，便泥牛入海。这说明，保守势力是多么强大。因为请愿书不能上传，同是愤青一族的载湉皇帝，也就无法与基层愤青产生共鸣。当然，也不能说什么作用都没起，至少这次请愿活动，已把戊戌变法的大幕徐徐拉开。万事开头难，那么开头动静的大小已不重要，重要的是程序已然启动。后面的事再难，有开头难吗？

　　第二年，康有为考取进士，再次上书，深宫里的那位愤青，依旧听不到知音们的声音。康有为们一边上请愿书，一边开辟另一条战线，即通过舆论的方式，影响高层的决策。1896年，康有为、梁启超等人在北京出版发行《中外纪闻》，《时务报》在上海同时创刊。1897年，严复在天津主编《国闻报》。1898年，谭嗣同、唐才常等人在湖南创办《湘报》。那几年，包括上述期刊在内的十九种纸质媒体，其舆论的宗旨惊人一致，那就是改革。至此，全国议论时政的风气已蔚然成风。在此期间，康有为的上书一直未间断。[1]得不到高层的回应，康有为、梁启超等继续从事外围的造势工作，1898年4月，他们在北京发起成立了保国会。

1898年春天，转机终于出现，经翁同龢（曾为载湉的家庭教师）的力荐，载湉知道了康有为等人的救亡运动。就是这么一个转机的到来，倘非慈禧本人的推动，恐怕连一线希望都没有。这时我们才由衷地感到，载湉皇帝实在是太渺小懦弱了！但1898年6月11日，仍不失为一个值得纪念的日子，就在这一天，慈禧亲自找载湉谈话，告诉皇帝："前天御史杨深秀、学士徐致靖跟我说，现在大清不稳定的因素很多，认为需要与时俱进，进行必要的改革。他们还汇报说，知识界这方面的呼声也颇为强烈。我认为他们的话很对，是到了倡导西学的时候了，你就诏告天下，去做一番兴利除弊的事业吧。"

我的老天，大清皇帝就等慈禧这番重要讲话哩。载湉得了圣旨，当即颁布由翁同龢起草的《定国是诏》。诡异的是，诏定国事的第四天，慈禧就把皇帝的老师翁同龢给赶走了，同时把自己的心腹荣禄，安置做直隶总督兼北洋大臣。慈禧的意思无非是，你载湉再怎么孙悟空，我还是你的克星如来佛。尽管如此，载湉皇帝还是义无反顾地要改革，发愿不做亡国之君。翁同龢的离职，让载湉愈发感到改革的紧迫性，他很快就安排接见了康有为。此前，载湉的老师翁同龢，极力推荐此人，并把康有为的著作《波兰亡国记》《突厥亡国记》，呈上一阅。载湉一边读，一边痛哭流涕。载湉很快就要接见那位感动了他的康进士了，这个地位卑微的知识分子，会给自己带来怎样的政治观点呢？载湉对此有相当的期待。

接见活动安排在颐和园的仁寿殿，慈禧在此生活办公，载湉也必须如此。

---

[1] 1897年11月，德国强占胶州湾。同年12月，康有为第五次上书，代表国人表达激愤之情。1898年1月29日，康有为第六次上书《应诏统筹全局折》，皆无果。

也就是说，慈禧不允许载湉有独立的活动空间。接见那天（1898年6月14日），康有为被安排在第三名。前两名被接见后，天已微亮，但当太监把康有为带进大殿时，里面仍是漆黑一片。这种情况我们在前面也曾经谈到过，主要还是建筑设计问题。康有为定神一看，发现大殿之内，仅御案之上有两支大蜡烛。光线之暗，原因不言自明。康有为按照袁世凯教他的觐见程序，一一演练完毕，在御案前的垫子上跪下，静待皇帝问话。下面是君臣的对话：

载湉：朕很知道你。翁同龢保荐你多次了。今年正月初三，朕曾叫翁同龢、李鸿章、荣禄、张荫桓这些大臣在总署跟你谈过一次话，你的观点，朕深以为是。大清帝国是到了非改革不可的时候了。否则，朕将做亡国之君。

康有为：近年来并非不言改革，然总是围绕船坚炮利做文章，不能从根本上改变帝国的现状。我以为，要改革，必须从政治制度着手，否则还会像洋务运动一样，半途而废。

载湉：你讲得很有道理。

康有为：皇上既知其中的道理，为何久而不举，坐视国家危亡呢？

载湉：朕当然知道。只是，掣肘的力量太多了。在这么多的掣肘力量下，你说说看，该怎么做呢？

康有为：就皇上现在之权，行可变之事，虽不能尽变，而扼要以图，亦足以救清国。现在当朝大臣多老朽守旧，不懂世界大势，皇上若欲变法，不能依靠守旧大臣，只有擢用有才干的小臣，给以官职，准许他们上书言事。若有真才实学者，可以破格重用，令其办理新政。至于守旧大臣，可保持他们原来的俸禄，使其无失位的顾虑，他们便不会阻挠新政的推行。

载湉：说得好。据你看来，我们大清国搞改革，要多久才能有点局面呢？

康有为：皇上明鉴。依卑臣看来，西方讲求三百年而治，日本施行三十年而强，我们大清国国大人多，改革以后，三年当可自立。

载湉：三年？全国上下好好干三年，我相信三年一定可以有点局面了。

……

在君臣的交谈中，康有为还全面抨击了慈禧在颐和园肆意挥霍、过着沉湎酒色的生活。康有为说南方人之所以不喜欢慈禧，是因为她的私生活可与武则天比。康有为说这话时，载湉频频向窗外看。他未予应对，而是拿别的话岔开了。这次召见，费时两个钟头。之后，载湉颁发委任状，任命康有为为总理衙门章京。这基本不是什么官衔，也就相当于今天的办事员或主任科员。按品级算，章京为六品。在慈禧时代，大清皇帝的人事权，也只能抵达这么远。其他高官，乃至中等级别官员的任免，基本都由慈禧说了算。如果载湉在人事任免方面越权，他头上的冕会随时被慈禧打落在地。这在戊戌变法失败之后，我们大家都看到了。载湉想干一番大业，可手中又没有权力。作为帝国之主，他的权力甚至不及各部首长中用，当然也不及各省一把手。任命康有为一个小官职，他也是颤颤巍巍、战战兢兢的，生怕哪里又惹慈禧不高兴了，使得他连任命小官的权力都丧失。载湉接见康有为时就说过，他的掣肘太多，就指这些。在我看来，载湉何止是掣肘太多，简直是有职无权，活脱脱一个摆设嘛。

如果说载湉天生就愚蠢，那倒不是，他也有权变的技巧，比如他的权限只能任命小官，但他同时授予康有为一个特权，即康有为的报告，不必经过其他大臣之手，就可直达皇帝案前（按清律，只有四品以上的高官才能被皇帝召见，或直接与皇帝发生书面交流）。这样一来，小官就权变成了大官。一个人，无论官职多大，他能直接和皇帝交流工作意见，而且言路畅通，那么，他已经是名义上的小官实际上的大官了。仅此一点，载湉也有他值得肯定的地方。起码他还是想为帝国做点事的，而且他的权变是有一定风险的。颐和园里的那位老太婆，到处安插着她的人，到处是密探，皇帝的一举一动，尽在她眼里、耳里、心里，稍有不慎，就会招来横祸。很显然，载湉这次大有一搏的意思。

从康有为个人来说，他是成功的。一个进士嘛，就是一个穷书生，因缘际会，一步登天，成了皇帝的宠儿。皇帝再傀儡，那也是皇帝。况且，慈禧已经指示皇帝，可以实施西化运动了。这皇帝也就有了尚方宝剑，可以干些事情了。这时的康有为四十一岁，正是年富力强时，所以他对未来也是志在必得。于是，康有为又陆续呈送了他撰写的《日本变法考》《法国变政考》《俄皇大彼得变政记》给载湉，是以开阔皇帝的现代视野。载湉读了这两本书后，更加坚定了他进行西化运动的决心。

第二次西化运动

第二次西化运动即戊戌变法的主要内容包括：裁冗员、废八股、开学堂、练新军、满汉平等等，以期实现政治改革这个最终目标，即推行君主立宪制。我们把戊戌变法的内容归结如下：

一、选拔改革型人才。 诏书要求各部大臣举贤任能，同时令各省首长向朝廷保荐品学兼优、通达时务的人才参与西化运动。前前后后被推荐上来的人才，除翁同龢推荐的康有为外，还有黄遵宪、谭嗣同、张元济、梁启超、杨锐、刘光第、严复、林旭等人。载湉正在用人之际，对省、部领导推荐来的新型人才，来者不拒，立刻给他们每人一顶六品乌纱帽，其中杨锐为内阁侍读、刘光第为刑部候补主事、林旭为内阁候补中书、谭嗣同为江苏候补知府。

以康有为的思路，如要效法日本维新，就必须大量任用维新人士；如大量启用维新人士，就必须增设新的权力机构，即制度局。也就是说，必以制度为保障，才能推进维新运动。这一思想，与郭嵩焘的"政治制度才是立国之根本"如出一辙。但朝廷大臣荣禄与刚毅坚决反对，制度局泡汤。实际上，朝中大臣赞成改革者，寥寥无几。西化声浪，主要还是在中央政府之外的知识界翻滚。

但到了7月，情况似乎有所好转。这天，载湉颁令，赏加杨锐、刘光第、林旭、谭嗣同四品卿衔，以便于他们参与行政工作。四品是四品，但办公地仍在军机章京（六品）处。也就是说，这四个维新人士，名誉上享受高官待遇，实际职务还是六品小官。进一步说，办公地他们为小官，工作起来他们就成了大官。我们来看看这四人的工作职责：即负责草拟新政谕旨，阅看臣工奏章，帮助皇帝处理新政事务等等。这又是载湉的一个权变，这四个六品小官，已然为隐身军机大臣，他们人人具有宰相之责之权。反过来说，真正的军机大臣，已处于被架空的境地。这一步，载湉迈得过大，不仅引起朝中大臣们的高度不满，也引起慈禧的高度警觉。这也为戊戌政变埋下伏笔。

二、改革从文教入手。 首先废除科举制度。康有为被召见时，当面向载湉历数科举之害，强烈要求废止，改试策论。为免节外生枝，载湉没有将此案下交部议，而是直接向慈禧请示，恩准后才颁布实施。但这次教育改革并不彻底，过去以八股文取士，考试内容均系四书五经，改策论取士后，四书五经仍旧保留，不过增加了历史和自然科学，以及政治和法律。同时设立译书局，翻译外国新书；准许设立报馆、学会；派人出国留学、游历。

其次是创办学堂，大力提倡西学。载湉颁令，批准建立京师大学堂（北京大学前身）。同时又下令各省府、厅、州、县之大小书院及民间祠庙，一律改为兼习中学西学之学校。省会改设高等学校，郡改设中学，州县改设小学。以后又陆续颁令，令各省筹办矿务、海军、农务、编译、医学、茶务等专门学堂；设立译书机构，翻译外国新书，提倡出国游历、游学等。可惜的是，各省对载湉的行政命令熟视无睹，结果仅京师大学堂正式创办，余无正果。

三、辅以经济改革。 改革派们主张按照西方模式，全面改造清帝国的经济结构。工业方面，奖掖发明创造，允许民间筹资设厂；商业方面，中央增设商业部，各省增设商务局；农业方面，倡导以西法治农。载湉对改革派们的上述建议，予以积极回应，他屡颁经济改革令，如在京设立农工商总局、铁路矿务总局、各省设立商务局（或农工商分局）；如颁布《振兴工艺给奖章程》，奖励科技发明及科学著作；如在京师及各通商口岸广设邮政分局；如编制国家预、决算，由户部按月公布；如取消满族人寄生特权，准其自谋生计等等。

四、进行规模宏大的内部改革。　命满族兵团，全部改用现代化武器，采用新式训练法；并将汉人组成的绿营兵团，改为警察。撤销叠床架屋式的若干中央机构，如詹事府（皇太子宫事务部），通政司（皇宫文件奏章收受处），光禄寺（皇宫供应部），鸿胪寺（属国或外国使节招待部，职权跟理藩院的藩属事条部重复），太常寺（祭祀部），太仆寺（畜牧部），大理寺（最高法院，职权跟刑部即司法部重复）。选派满族贵族出国游历考察。改良司法部门，改良刑事诉讼法，改革监狱弊端。

五、推动政治体制改革。　这是所有专制政体进行改革时的最大难点。专制者出于自身目的，也许他什么都想改，但有一个底线，那就是政治改革不能触碰。专制者最大的政治，就是要确保一个国家上上下下的行政权牢牢掌握在一家、一姓手中。以晚清为例，这个一家、一姓，就是叶赫那拉家、叶赫那拉姓、慈禧太后。也可以这么说，爱新觉罗者一姓的家，由其夫人慈禧来当。慈禧姓叶赫那拉，晚清的一家、一姓，自然就是指慈禧了。载湉一心想借助改革派的力量，把爱新觉罗家旁落的权力，从他姨妈那里抢回来，唯一的机会就是进行改革，尤其进行政治体制的改革。于是决定设立制度局作为议政机构，但被朝廷内的太后党势力挡了回去。

载湉一计不成，再生一计，他采纳前太仆寺少卿岑春煊的建议，对帝国干部队伍进行裁冗行动，撤詹事府、通政司、光禄寺、鸿胪寺、太常寺、太仆寺、大理寺等闲散衙门；外省裁撤湖北、广东、云南三省（此三省督、抚同城）巡抚，东河总督，不办运务之粮道，仅管疏销之盐道，各省同道佐贰等官，并无地方之责者，均被裁汰。这些被裁官员，后来加入倒帝队伍中，这恐怕是载湉所没预想到的。

载湉政治体制改革的重要一项是准许言论自由。6月、7月两个月，载湉连续颁令，宣布无论是清国的大小官员，还是普通群众（包括知识分子），都有权上书言事（按清律，四品以下京官、三品以下地方官，亦无资格上书言事，更何况普通百姓），各部官员上书，由各堂官代奏；士民上书，由都察院代呈；地方士民上书，由本省道府随时代奏。且规定不准扣留相关信件，倘有阻挠，一经查实，即以违旨惩处。同时又颁令，鼓励各地开设报馆，发行报纸，并改上海私营性质的《时务报》为官方报纸。

应该说，载湉推动的改革目标，已部分实现。尤其言论、出版、集会、结社等方面的自由，是清帝国前所未有的。可惜，好景不长，所有的改革，仅仅维持了一百零三天，便告终结。终结这场变革的，就是慈禧。我们说，这是一场变革，同时也是以变革为平台的宫廷权力斗争。

月转风回翠影翻

　　从内心来说，我认为载湉和康有为共同领导的这次改革，太过于眼花缭乱，太过于求广、求大，而不注重方法和质量。这种眉毛胡子一把抓式的改革，容易导致程序性紊乱，以致连改革的发动者都被卷入其中，不能自拔，最终导致"戊戌变法"成了"无序变法"。改革都不可避免地危及一些人的利益，尤其危及官僚士绅的利益。这都不成问题，世界上有很多改革连血都是要流的，伤及点一些人的利益又算得了什么？问题是，康有为们没有把握好一个度，即慈禧赞成改革的那个先决条件。就是说，你们怎么改都行，就是不能涉及政治体制改革，尤其不能触碰慈禧个人的领导地位。这是慈禧的底线。

　　康有为们终究是书生，他们没有从政的经验，把很多问题都想得很简单，于是在雪片似的改革计划抛出未及消化的情况下，他们又建议载湉进行更为激进的改革，分别是：建立内阁会议制度；禁止妇女缠足；请载湉率先剪去辫子，改穿西服；迁都上海，摆脱旧势力，在新环境中改革；借巨款六亿元，改良军队，广筑铁路。这五条中，只有一条是得到慈禧肯定的，那就是禁止妇女缠足。慈禧本人是大脚，她也就不主张女人缠足。但是其他各条，没有一件使慈禧开心，甚至惹她暴怒。为什么？因为那些改革，不是政治体制改革，就是军事体制改革。这两项改革，都触动了慈禧的底线，她没法不怒。所以我们看到，当载湉带着上述改革计划去向慈禧汇报时，正史所载仅八个字，即"太后不答，神色异常"。

自小生活在慈禧魔爪下的载湉，他最揣摩得出这个恶老婆子的一举一动意味着什么，他知道慈禧当面打人骂人呵斥人，那事就大不了；如果她当你的面什么都不说，且脸色难看，这就说明她很生气、非常生气，其内心怒气滚滚，必火山爆发般，一泻千里。载湉见慈禧异样，不再多言，他战战兢兢、踉踉跄跄地退出慈禧寝宫。慈禧不发一言，就让这位年轻的政治对手屁滚尿流。

1898 年的秋天，准确说，一进入这年的 9 月，载湉就浑身上下感到不自在了。在整个颐和园里，似乎都弥漫着一种不祥的气氛。四起的谣言，让载湉愈加惶恐不安。一种说法是，保守派上书慈禧，要求杀了康有为、梁启超；一种说法是，奕劻、李连英跪请慈禧重新垂帘听政；一种说法是，下个月当载湉陪同慈禧到天津阅兵时，慈禧将废黜载湉，另立新帝。这些传言，让载湉无所适从，他深深感到危机就在眼前。于是，这位莽撞的年轻人开始抓寻他的救命稻草。在这一计划中，载湉找到两根救命稻草，一根是袁世凯，一根是康有为。下面我们分别来说说载湉的这两根救命稻草。

先说袁世凯。我们在前面约略说过，载湉并不愚蠢，他还有权变的政治技巧。当他感到岌岌可危的时候，其政治智慧再次被开发。载湉知道，他深处危机的第一根救命稻草就是军队。换句话说，要保护自己不受侵害，或者想在博弈中占上风，就必须取得军队的效忠。这是一切专制政体的特征，谁抓住了军队，谁就是实质的国家元首。理论上讲，专制社会是帝党（或曰皇党）领导一切，皇帝是三军总司令。可晚清时的帝国军权不在皇帝手里，而在慈禧太后手里。慈禧是所谓的后党领袖，那么帝国的军队，也就只忠于后党。这就是专制的弊端，哪个党占上风，哪个党的党魁就是三军总司令。那么军队，也就成了某个个人（独裁者）手中的玩物。大清帝国的军队若不仅仅效忠慈禧一人，何以把海军军费拿来给她修娱乐园（即颐和园）？给她过生日？又何至于败给日本？这太荒唐、太不可思议了。

载湉是如何瞄准袁世凯的呢？其实，他与袁世凯根本就没有任何渊源。这太要命了，这无异于一场赌博呀。载湉看上袁世凯，仅仅因为袁是个显著的西化人物。也就是说，袁世凯的思想很开放，不保守（康有为在北京办强学会时，袁世凯就曾经赞助过）。仅此一点，载湉就把袁世凯引为同志，可就太冒险了。那么，袁世凯之思想开放在什么地方呢？话又得倒回去说，甲午战争失败后，军中人物袁世凯摒绝杂物，邀集同志，潜心搜集、整理、翻译了各类西方军事著作，是以在朝野上下引起强烈反响。加之袁世凯对帝国传统军制所提出的强烈批评，及其"凡所建白，均料事如神"，使他一时成为众人瞩目的当代军事奇才。1895 年底，当帝国决定组建一支现代化部队的时候，袁世凯就成了众望所归的人选。帝国唯一一支装备完善的陆军部队，即由袁世凯在天津小站一手打造。1898 年的袁世凯，一身二职，一者直隶按察使（相当于今之河北省的司法厅长），一者新军司令。尤其后者，这的确是一个炙手可热的角色，不然，载湉皇帝也看不上他袁世凯。

　　1898 年 9 月中旬，当载湉感到危机将至的时候，他在颐和园召见了四十岁的袁世凯。如果说载湉还有点政治智慧，那就是他自保或想干一番大事，首先想到了军队。如果说他是猪脑子，那就是他在颐和园里、在敏感的时刻诏见新军司令。他怎么就忘了，颐和园里还有一位一手遮天的老太婆呀。颐和园上下，全安插了慈禧的密探，你什么动静能瞒得了人家？况且那袁世凯也不是你载湉的人呀。袁世凯是谁的人？是荣禄的人（袁世凯与荣禄是拜把子兄弟）。荣禄是谁的人？是慈禧的人。换言之，袁世凯间接就是慈禧的人。你载湉病急乱投医地在颐和园接见袁世凯，这不明摆着找死吗？

　　载湉跟袁世凯谈了些什么，我们无从知晓，但我们却知道，他们面谈之后，袁世凯被擢升为副部长（侍郎候补）。载湉啥意思？就是通过赏官的手段，企图与袁世凯建立个人感情。前面不是说，载湉无权提升大官吗？但袁世凯是个例外，他名气太大，组建新军有功，又是荣禄的人，当皇帝的说要提拔这样一个人，谁会公然说出那个"不"字来呢？慈禧也不会，但当她听说这个消息后，说了句"皇上的心不小"。这就给载湉定了性了，意思是载湉想谋反呀！心狠手辣的慈禧在等待动手的机会。载湉也没闲着。早在接见袁世凯的前两天，他就给康有为下了道密诏。接见袁世凯后，又给康有为一道密诏。下面是两道密诏的内容：

朕惟时局艰难，非变法不足以救中国，非去守旧衰谬之大臣，而用通达英勇之士，不能变法。而皇太后不以为然，朕屡次几谏，太后更怒。今朕位几不保，汝康有为、杨锐、林旭、谭嗣同、刘光第等，可妥速密筹，设法相救，朕十分焦灼，不胜企望之至。特谕。

朕今命汝督办官报，实有不得已之苦衷，非楮墨所能罄也。汝可速外出，不可迟延。汝一片忠爱热肠，朕所深悉。其爱惜身体，善自调摄，将来更效驰驱，朕有厚望焉！特谕。

第一份密诏，载湉向他的第二根救命稻草康有为求救；到第二份密诏，载湉就改变了主意，从中可以看出，他似乎对袁世凯已不抱希望。而且预知大难将至，希望康有为一走了之，保存实力，以便"将来更效驰驱"。康有为、梁启超、林旭、谭嗣同等维新派核心人物跪诵密诏，痛哭失声。冷静下来以后，几位书生决定铤而走险，说服袁世凯站到皇帝一边，包围颐和园，迫使慈禧交出帝国大权。但这个时候，改革派们已经出现某种分歧。康有为作为改革派领袖，他做出的决定是遵旨尽速离京，以免大家被一网打尽。谭嗣同做出的决定是，夜访袁世凯，鼓动他兵变。其他人也各自做出选择，分头行动。

咱们单说谭嗣同，他见到袁世凯后，晓以利害，希望袁先返回天津，将直隶总督荣禄处死，然后回军包围颐和园，软禁慈禧。谭嗣身为军机章京，名义上虽然只是一个小官，但他的实权却相当于副宰相。老于官道的袁世凯深知谭嗣同的炙手可热，因此予以热情接待，甚至满口答应了谭嗣同的要求，表示一定会效忠皇帝。然而，袁世凯一回到天津，即直奔荣禄的总督衙门，荣禄说："袁兄何以行色匆匆？莫非有什么急事？"袁世凯说："你是否把我看作忠实的兄弟？"荣禄说："那还用说。"袁世凯接着说："皇帝派我来杀你，但是我背叛了他的计划，因为我忠于皇太后，也爱你这个兄弟。"荣禄的感激之情难以言表，他来不及多说什么，就急忙返回北京，去见慈禧。

颐和园的警卫制度相当严格，一层一层，一级一级，很难随意逾越。但荣禄那天下午晚些时候赶到颐和园时，他并没有遵守严格的礼仪，而是冲破一道道关卡，径奔慈禧寝宫，见了慈禧上来就是三个响头，边叩头边大声惊呼："救命啊，太后陛下！"

慈禧听完荣禄的汇报后，从颐和园悄悄返回北京紫禁城，并在那里连夜召开紧急会议。在不到两个小时的时间里，所有属于保守派的王公大臣，包括两个被皇帝撤职的部级大臣，都集合在瀛台，聆听慈禧的训示。而这时的载湉，也正在紫禁城内焦急地等待袁世凯的行动。事实上，袁世凯已开始行动，不过不是站在载湉一边罢了。

瀛台的会议气氛相当紧张，帝国的王公大臣们都双膝跪倒在慈禧面前，乞求她重新主政，以拯救处于崩溃边缘的帝国。慈禧自是当仁不让，她迅速安排荣禄的军队，把紫禁城的安全部队统统替换掉。会议结束时，差不多已是半夜。一切安排就绪。

大清帝国历史上又一个值得纪念的日子到来了，即1898年9月21日。这天早晨五点半，载湉准时进入中和殿细读礼部草拟的连祷文，在他离开时，荣禄的部队和慈禧的太监，对其实施了抓捕。整个逮捕过程，让爱新觉罗家族蒙羞至极，因为大清帝国的皇帝在这一刻尊严扫地。卫兵和太监如狼似虎，扑向文弱多病的皇帝，他几乎没有任何反抗，就被绳之。随后，载湉便被押送到中南海湖心小岛瀛台的小宫里。这个可怜的年轻人，从此失去了人身自由。

随之，慈禧发布训政诏书，重新临朝听政，同时下令捕杀维新人士。康有为、梁启超得到英国和日本两国的救援脱险（此乃慈禧深恨外国人的原因，也是后来她利用义和团仇外、排外的重要原因），谭嗣同、杨深秀、林旭、杨锐、刘光第、康广仁、徐致靖、张荫桓等人则被逮捕。9月28日，谭嗣同、杨锐、林旭、刘光第、杨深秀、康广仁六人被斩于菜市口。徐致靖处以永远监禁，张荫桓被发配新疆。陈宝箴革职永不叙用。从此，所有新政措施，除京师大学堂和各地新式学堂被保留外，全部都被废止。

整个宫廷政变，从载湉发现异常到结束，整整一周时间。这也表明，从6月11日至9月21日，为期一百零三天的第二次西化运动，以失败而告终。

回眸一瞥论成败

慈禧有条件支持改革

接下来，我们回顾一下1898年这场改革的成败，我们仅说两个人，慈禧与康有为。先说慈禧。种种历史文本告诉我们，晚清近半个世纪的三次西化运动，慈禧无一例外都是支持者。关于这一点很重要，因为她实际控制着大清帝国的行政权，她不点头，她不默许，任何人都休想搞什么西学、西化，搞什么改革。

咱们先来说说慈禧为什么三次都支持西化运动。第一次，是在英法联军火烧圆明园之后，那时慈禧很容易地接受了以夷制夷的观点，于是就雷厉风行地搞起洋务运动来了。这一次吧，是甲午战争失败，同样很容易地让慈禧接受了效法日本西化的观点，也很快就搞起来了。最后一次，是八国联军攻陷北京，让慈禧更加容易地接受了君主立宪制的观点，也很快搞起来了。你看看，大清帝国的三次西化运动，全与挨打有关。只有等到被打得鼻青脸肿了，慈禧才开始反省，才开始西化。搞不了多久，又因为种种原因，一一偃旗息鼓。其中戊戌变法即晚清第二次西化运动的结束最为突出，那就是妨害了慈禧的切身利益。

戊戌变法之初，慈禧曾对皇帝载湉说："变法一向是我的夙愿，同治的时候，我接受曾国藩的建议，派子弟出洋留学，造船制械，也算是干出点名堂来。今天看来，还远远不够，因为甲午战争咱们输得忒惨。如果你能挑起改革这副担子，只要不遗祖制，一切让你所为，我绝不干预。"这并非慈禧矫情，也并非她作秀，她实际就是这么想的，也恨不得立马国富民强，英法联军侵华不再重演，甲午战争不再重演。事与愿违，悲剧不仅重演，而且愈演愈烈，最终导致八国联军一块儿上（这已不是从前的英法联军，也不是与日本的单挑了）。但我们不要忽略了慈禧最为关键的一句话，她说："只要不遗祖制，一切让你所为。"这等于说，慈禧为载湉的改革设置了一个前提条件。

慈禧说的"祖制"是什么？这很难说，爱新觉罗家的祖制是，女人不能干政，可慈禧不仅干政，她实际还执了政。所以，慈禧嘴里的"祖制"，可以理解为她的权力不容任何人染指。换句话说，只要保证她的说一不二的政治地位，一切改革，她都支持。与荣禄关系密切并时任京官的陈夔龙是反对变法的，但他竟明确说慈禧"无仇新法之意"，并说她之所以发动政变，乃是"利害切身"所引起的，这与我们的判断一致。

说到废八股的事，朝中大臣刚毅坚决反对，载湉则坚持。刚毅就说，最好还是请旨定夺。于是就把废除科举的提案，交到慈禧那里。结果，慈禧完全赞成。为什么？因为这样的改革提案不痛不痒，与慈禧的切身利益没有冲突。相反，倒是那些朝中大臣，则普遍反对。

所以，有人就指出，慈禧是个"但知权力，绝无政见"的老娘们。这倒不失为一个中肯的评语。这也注定了改革的失败。哪有改革只改其他领域，而保留政治领域的？慈禧发现载湉有违她自定的"祖制"，就来了个先发制人，结束了大清帝国的第二次改革。现在看来，是康有为们没有把握好这个分寸，让这位权欲无比旺盛的老太婆感到了威胁，才来了个宫廷政变，她由无形的帘子后面，又重新走上大清帝国的政治前台。

康有为败道

下面说说康有为。在维新运动的酝酿阶段，新潮流改革派（即康有为们）

把三十多年前的洋务派看作知己，并互相提携。1895 年 11 月，康有为等在上海筹建强学会时，到南京拜访了时任两江总督的张之洞（洋务派）。在二十余天的时间里，康有为与张之洞隔日一谈，每至深夜，十分融洽。张之洞回湖广总督任上，梁启超又去拜访，张之洞撇下诸客推迟会见，专门与之促膝长谈，他们大有相见恨晚之势。谭嗣同对张之洞的评价是："今之衮衮诸公，尤能力顾大局，不分畛域，又能通权达变，讲求实际者，要惟张香帅一人。"[1]

不仅如此，洋务派还积极参与新潮流改革派们发起的各种活动。比如康有为在京发起的强学会，参加者多为洋务派官员。洋务大员张之洞、刘坤一又是捐资，又是入会，这种支持几乎就是全面而有深度的。又如上海的强学会，也是在张之洞的支持赞助（捐银一千五百两作会费）下建立的。因为张之洞的影响，其他洋务官员也纷纷解囊相助。湖南的新政活动，同样得到了洋务派官员陈宝箴、黄遵宪、江标、徐仁铸等人的大力支持。1897 年，陈宝箴支持建立了时务学堂，聘请梁启超为教习，熊希龄为提调（即校长）。此后，谭嗣同、唐才常诸人又在陈宝箴的支持下创办南学会、《湘报》。陈宝箴、黄遵宪诸人还在湖南推行其他一些改革，如兴办矿业、电报、轮船；仿造西方警察制度创办保卫局；开办新式学堂等等，使新政渐具规模。梁启超后来回忆说："湖南民智骤开，士气大昌，各县州私立学府纷纷并起，学会尤盛。人人皆能言政治之公理，以爱国相砥砺，以救亡为己任，其英俊沉毅之才，遍地皆是。"这真是要钱有钱，要人有人。所谓"好风凭借力，送我上青云"，也不过如此。

然而，康有为们的愚蠢就在于，他们的维新活动但见起色，便看不上洋务派了。有段时间，李鸿章表示要捐资给强学会，却遭到康有为的严厉指责和抵制。李鸿章虽因签订《马关条约》获咎，但此时的他仍拥有实权，且在朝中有相当的影响力。况且，李鸿章是支持改革的。百日维新中，裁撤冗衙一事阻力很大，李鸿章在总理衙门，引经据典，制定了并裁的方案，使之得

---

[1] 张之洞号香涛，总督乃"帅"也，故有张香帅一说。

以实行。难能可贵的是，李鸿章不计前嫌，仍对康有为等人的作为赞许不已。据时人所记，李鸿章逢人就说："我不如康有为，比如废制之事，我干了数十年而不能，康有为却在极短的时间内做到了。惭愧惭愧。"即使在戊戌政变后，他仍直言逮捕新党的做法荒谬至极。当慈禧说有人告他是新党时，李鸿章坦然表示："若旧法能富强，清国之强久矣，何待今日？主张变法者即指为新党，臣无可逃，臣实是康党。"心胸如此宽广的一位老改革家，却被无知的康有为们拒之门外。可惜可叹可悲！

说实话，李鸿章比康有为们有着更深的报国情怀。他有国际眼光，有行政经验，有人脉，可他就是没有施展的平台。1895 年，李鸿章去日本签订《马关条约》时，他与伊藤的那番对话，已充分表明他的政治处境。

> 伊藤：十年前，我在天津时曾同大臣谈过改革的问题，为什么直到现在还没有一件事情得到改变或改进呢？为此我深感遗憾。
>
> 李鸿章：先生，当时听你谈论此事，不胜钦佩，而且我对先生您在日本有力地改变你们的习俗，以致达到现在的水平，也十分羡慕。可是，我国的事情受传统束缚太深，我简直不能按照自己的愿望行事。[1]

令李鸿章没有想到的是，在他有生之年，同时也是在他风烛残年之际，有幸赶上第二次西化运动。他本来可以借机弥补自己过去未能实现的政治愿景，不料康有为们不跟他玩，嫌这位老改革家名声太臭。呜呼，我们固然知道康有为们无知，却没有想到他们的无知，比我们想象得还严重。他们难道不知道签订《马关条约》的真正罪魁祸首是慈禧吗？连这点见识都没有，他何以辅佐皇帝进行改革？难怪他们的改革百日即亡，只因这位新党领袖太过于鼠目寸光。如果说康有为的上书请愿预示着他的出道，那么，他把李鸿章拒之门外的短视行为，则是不折不扣的败道行为。中国人所说的搬起石头砸

---

[1]　斯塔夫里阿诺斯：《全球通史》，上海社会科学院出版社，1999 年版，第 489 页。

自己的脚，就指这类行为。

康有为们的失道是一个因素，还有就是改革本身的问题。戊戌变法一百零三天，改革的法令颁布一百一十多件。这些法令雪花般飞下，狂扫一切弊端。康有为们希图在短时间之内，把大清乃至数千年来的所有问题都解决掉。连康有为的弟弟康广仁都抱怨说，变法规模太大、包揽太多，因此，它所触动和伤及的面就太广。以废科举为例，张之洞曾对梁启超说过这样的话，他说我不愿联名上折请废八股，是因为"恐触数百翰林，数千进士，数万举人，数十万秀才，数百万童生之怒"。再以裁冗为例，此一计划，将使全国成千上万的官吏丢掉乌纱帽。陈夔龙就说："戊戌政变京师闲散衙门被裁者不下十余处，连带关系因之失职失业者将及万人。朝野震骇，颇有民不聊生之戚。"裁减绿营，同样使几十万绿营官兵和旗人感到恐慌，他们因此诅咒新政也最烈。

我指责康有为鼠目寸光，并非替清朝的寄生虫们和冗官们说话，而是说，假如戊戌变法能够循序渐进，或许这场改革会走得更远一些。治国不能没有学者，更不能缺乏起码的执政经验；治国缺少文气，那跟土匪执政没什么两样；治国缺少执政经验，就会因为酸腐而把一切搞得一塌糊涂。说来说去，康有为们没有和李鸿章们结合，想来这才是戊戌变法的最大败笔。

第四章

把帝国击碎

　　清帝国执政集团上上下下、清宫里里外外，国难时尚且不误纸醉金迷、腐化堕落，你就可以想见他们在和平年代，又该是何等的不可救药。这样的国一日不亡，人民就一日不得安宁。

举足轻重小李子

不遗不弃的搭档

大清帝国的改革失败了，保守派们又回到了从前以腐烂为格调的生活，慈禧也再次从政治的后台走向前台。这下后党集团总算心安理得，舒坦了。

在后党集团中有一个显著的人物，在前面几章里，我们很少让他出来现眼，他就是大名鼎鼎的太监总管李连英。慈禧一生重用的太监只有两个，一个是安德海，一个就是李连英。这两个太监各有一个诨名，在坊间叫得叮当作响，曰：小安子、小李子。至今，只要一提小安子、小李子，人们便知道那是慈禧恩宠的两个太监。因为恩宠，让他们做了太监总管。安德海闹得不像话，跑到山东敛财时，被当地官员处死。李连英从安德海身上学到经验，在对待大臣的问题上，出宫"视察"的时候，就格外低调，[1] 因此他才避免了安德海那样的结局。也正因为如此，他才成了一个"隐相"。事实上，慈禧时代，清帝国的大政，很多就是慈禧与李连英商定的。所以，我们说李连英为帝国二把手，也不为过。

李连英生性乖巧，也就特别讨人喜欢。主奴社会（即专制社会），做主

---

[1] 康熙末年规定，太监品秩最高为五品，最低者八品。乾隆时改为太监品秩永不得超过四品。慈禧执政时，打破祖制，赏时年四十六岁的李连英二品顶戴花翎。可李连英知道安德海的教训，仅戴四品顶戴。

子的心狠手辣，他才坐得稳主子；做奴才的彻底到位，他才坐得稳奴才。慈禧算得上心狠手辣，所以她坐稳了主子；李连英算得上奴颜婢膝，所以他坐稳了奴才。慈禧与李连英相生相伴近四十年，无论是从主奴搭档来讲，还是从政治搭档来讲，这都是一个奇迹。哪有相生相伴四十年不遗不弃的？除了夫妻或血缘亲情之外，哪有如此持久的？即便有，也绝对不多。而摆在面前的这个例子，就说服了我们，意外是可以发生的，正如贪腐集团里偶尔也会出个把清官的意外一样。

老佛爷的由来

有时也不免去想，李连英是如何坐稳奴才的呢？这里先举一例。慈禧四十岁那年，总有些郁郁寡欢的样子。这里面有两个因素，一是她这年丧子。载淳虽然不为慈禧所喜，但那毕竟是她唯一的儿子，这丧子之痛，还是有的。二是载湉的即位，使她的二度垂帘听政存在极大的悖逆。要垂帘听政，也轮不到慈禧这位当姨妈的。载湉有自己的母亲，也就是慈禧的妹妹。载湉当了皇帝，该垂帘听政的，当是他的母亲。因此，慈禧虽然二度垂帘听政，毕竟还有反对的声音。对于权欲极深的慈禧来说，这是她所不能容忍的。慈禧是独裁也独裁了，专制也专制了，可她仍要剪除那些在她看来所谓的杂音、噪音，剪不干净，除不利索，她就心有不甘，于是就整日闷闷不乐，郁郁寡欢。身为奴才的李连英，看在眼里，急在心里，他决定为主子解解闷。于是，便令人在万寿寺大雄宝殿的后面，建了一座佛。

那尊佛建成后，李连英便装疯卖傻地对慈禧说："我听人说，万寿寺大雄宝殿常常有双佛显光，这是大吉大利的兆头呀，奴才想请太后驾临观赏。"慈禧信奉佛事，听李连英这么一说，即刻来了精神："是吗？快走快走，咱们去看看。"随之摆驾出宫。出西直门，下高粱桥，再上皇船，沿长河，直至万寿寺。慈禧上罢码头进山门，直奔大雄宝殿而来。如潮的随从，前呼后应。慈禧进得殿来，不见所谓双佛显光，顿时勃然大怒："这里明明是原来的三世佛嘛，哪来的双佛显光？"李连英慌忙解释说："太后息怒，请您后殿御览。"

慈禧这才漫不经心地转到后殿，眼前为之一亮，一尊慈眉善目的观世音坐在殿中央。万寿寺方丈、住持，以及文武大臣，早已恭候在此。慈禧立时心里就乐开了花，她不及做出任何反应，就听李连英高声喊道："老佛爷到。"经过彩排训练的众人，齐刷刷跪倒在地，高呼："恭迎老佛爷！"慈禧几乎就要笑出声来了，她强行抑制住自己的喜悦之情，装聋作哑地问道："你们这是迎接哪位老佛爷呀？"李连英迫不及待地答道："就是迎接太后您老佛爷呀！您就是当今救苦救难的观世音菩萨啊！如今先皇晏驾，新皇尚幼，国不可一日无主，臣民们请您垂帘料理朝政，您可要救庶民于水火之中啊！"李连英一席话，说得慈禧心花怒放。从此，慈禧也就不再把朝野内外的杂音、噪音放在心上，因而得以安心垂帘，放胆听政了。老佛爷的称呼，也由此成为慈禧响当当的别名。

慈禧垂帘听政，搞定的是一国之乾坤。李连英精致的拍马工程，搞定的只是一人的乾坤，这个人就是慈禧。换言之，慈禧能搞定全国，李连英却能搞定慈禧。你说，这对搭档还能不是政治上的吗？

不过，你千万不要把专制政治看得过高，因为天底下最好操弄也最小儿科的政治，就是主奴政治。专制社会里的每一位独裁者手里，都握有一根看不见却威力十足的魔棒，说白了就是独揽一切的大权。一个极权人物，只需挥动手里的那根魔棒，他就无所不能，无往而不胜。那根魔棒轻轻一点，它可以使一个人变成狗，也可以使一头猪变成高官。总之，只要握着魔棒的人乐意，让一个人成为什么，全看他的需要与高兴。比如慈禧，她握着魔棒轻轻一点李连英，小李子摇身一变，就成了慈禧的特别代表，到全国各地去视察。这时的小李子，就是高官的化身，乃至是一人之下万人之上的"隐相"。有一天，李连英惹慈禧不高兴了，慈禧拿魔棒一点，小李子又成了一只丧家狗（参见"最是仓皇辞庙日"一节）。

所以我说，主奴政治最简单。一个人只要具备两个条件，他就可以获得那根魔棒了（魔棒分若干级别：极权棒、高官棒、州县棒），一靠运气，二靠龌龊。只有民主社会，才对政治人物有智慧与才能要求；主奴社会，则完全靠运气和龌龊。明朝太监魏忠贤，靠运气执掌帝国大政八年；慈禧老娘们，靠运气执掌清帝国大政近半个世纪。龌龊是什么呢？就是你必须是一个训练有素的奴才，主子恼谁，你就对谁落井下石；主子喜谁，你就抬举谁；主子喜欢狗屎，你就把狗屎美化为金子；主子不喜欢宝石，你就把宝石丑化为牛粪。总之，如狗如奴，顺着主子，保证没错。这些小伎俩、小把戏，对于一个太监都绰绰有余，何况对于那些政客呢？

脑筋急转弯

有关李连英如何坐稳奴才，我们这里再举一例。李连英的灵巧就表现在，他还特别善于脑筋急转弯。用北方话说，就是脑子转得快。

我们都知道，慈禧这人权力之外的最大爱好，就是看戏。戏演完了，她要是高兴了，就会赏赐艺人，比如她吃剩的一些东西。你不要小看这种赏赐，你艺人怎么啦？不就是戏子吗？你敢嫌弃当今老太婆？她一个不高兴，你的小命都丢了。再者说了，连皇帝、皇后等，都要时时吃慈禧吃剩的东西，你个戏子难道还要高皇帝一等不成？也别说，真有这样的刺头，名满天下的杨小楼就嫌老太婆恶心，说什么都不吃她吃剩的东西。那天看完戏，慈禧把杨小楼召到面前，她指着桌子上自己吃剩的糕点说："这些东西就赐给你，带回去吃吧！"

大清帝国的领导人好小气，她竟然赐残羹与艺人，这也太作践文艺工作者了。杨小楼按照时俗礼规先是叩头谢恩，接着便说："叩谢老佛爷，这些贵重之物，奴才实不敢领，请恩赐点别的……"

这还了得！在帝制时代，慈禧那就是说一不二的女皇了，她性烈如火，赐东西你不要，就是对她的极大不尊重。这叫啥？欺君之罪呀！老太婆一抹脸，说不定瞬间这杨小楼就被拖出去砍了。谢天谢地，慈禧这天的心情不错，没有发火。她问杨小楼："你要我赐你什么呢？"杨小楼叩头说："老佛爷齐天洪福，不知可否赐个字给奴才。"哇，这杨小楼毕竟是个文化人，也亏他想得出来，向帝国最高领导人索取墨宝。慈禧听了也很高兴，给人题词的事，比桌上的那些残羹优雅多了，也显得很有档次。于是，慈禧让太监赶紧捧来笔墨纸砚，挥笔就写下一个"福"字。

慈禧刚写完，一幕皇帝的新装就上演了。皇室一个小孩看了慈禧写的字，自言自语地说："'福'字是'示'字旁，不是'衣'字旁，老佛爷写错了。"这可真是童言无忌了，慈禧顿失脸色，且尴尬万分。这一提醒，杨小楼仔细一看，那福字果然写错了。慈禧赐的墨宝，你拿回去必须请人装裱，然后，找那最尊贵的地方挂起来，当慈禧本人供着。否则，就是欺君之罪。杨小楼是名人，家里常常是宾客盈门，人若看了慈禧的别字，一有议论，这又是一个欺君之罪。所以，他横竖都不敢拿这幅字回去。前已拒绝一回恩赐，这一次是他自己提出来的，再拒绝，欺君之罪是跑不了的了。因为想不出更好的办法，杨小楼急得直冒冷汗。而慈禧呢？她也左右为难，不知如何是好。

时间在那一刻，被冷冻住了。就在大家一筹莫展的时候，一旁的李连英灵机一动，马上笑呵呵地说："老佛爷之福，比世上任何人都要多出一点呀！"尴尬的局面立时被打破，杨小楼顺坡下驴，连忙叩首道："老佛爷福多，这万人之上之福，奴才怎敢领受呢！"慈禧也正为下不了台而发愁，听杨小楼这么一说，亦赶忙顺水推舟，笑着说："既如此说，那就改天再赐你吧。"一场尴尬、一场危机，就这样被李连英轻轻化解了。如此一个乖巧、机灵的人，如何不讨慈禧的喜欢呢？

首席宫女与首席太监

上面的例子，只是在说，李连英是多么的乖巧、机智。那么，深得慈禧喜欢的李连英，又得到怎样的宠爱呢？得到宠爱的李连英，又有些怎样的作为呢？这正是下面所要讲的。

李连英与慈禧的住处很近，这显然是为了便于李连英的工作。同时我们也不能忽略，慈禧实际上是离不开李连英的。在慈禧的生活中，除了一项缺失之外，其他几乎全是完满的。在外人看来，至少如此。慈禧缺失的是什么呢？她缺失的是对于家的拥有。慈禧拥有一个帝国，却无法拥有一个家。这说起来，显得特别可怜。无论对于男人，还是女人，家则意味着另一半的相生相伴。子女迟早是要单飞的，厮守终老的，往往就是你的另一半。而这最普通的权利，富有一国的慈禧却没有。她不可怜吗？可怜。所以，慈禧几乎每天都不开心，就因为她缺乏家庭的关爱，身边缺少一个丈夫。

人到了一定的年龄，性爱就不大重要了。这就是老话说的，少做夫妻老做伴。人到老了，更多的家庭需求，是另一半的如影相随。慈禧一天天老去，身边却没有丈夫。她当然不可以改嫁，谁能娶她？按照满族人的习俗，她或许可以改嫁，问题是，满朝文武中的满族人，谁有资格娶她？荣禄有这资格，可荣禄有家，偶尔进宫伺候伺候慈禧还可以，作为伴侣就办不到。荣禄之外，就没有人再有资格了。至于汉人，满汉通婚尚且不易，就别说是慈禧本人了。再再说，满族人入关两百多年，文化上早已完成汉化，他们饱受儒家文化的影响，一个女人到了一大把年纪再婚，尤其是帝国一把手慈禧，别说满朝文武不答应，就是慈禧本人也不肯。所以，慈禧再婚之类的话题，几乎就没有出现过，而关于她淫乱的小道消息，倒是不少。

为了调和自己的情绪，弥补家庭之不足，李连英就成了慈禧不可或缺的另一半。说到这里，使我们想起历代皇宫里的两种人，一为宫女，一为太监。这是两个不幸的群体，被丑陋的宫廷制度撮合在一起。或者说，是工作在一起。他们年轻的时候，效力于皇室，除极少数人伺候皇族外，大多数人在皇宫里干的是最下贱、最粗重、最辛苦的工作，如倒马桶、洗马桶、喂牲口、挑水、修缮等等。等他们老了，干不动了，就可以享受退休待遇。说来可怜，什么退休，简直就是等死嘛。太监、宫女怎样进入老境呢？就是拉郎配，一个老太监配一个老宫女，让他们生活在一起。你想想，太监老了，不能还乡；宫女老了，不能回家。多可怜可悲！太监宫女，死都要死在皇家指定的地方，在那里寂寂而终，临了连骨灰遗骸，都不得让其家人领走。这等于说，太监、宫女一入宫，就再也出不来了。更可怜的是，太监配宫女，这是对人性的极大摧残。

可是，慈禧与李连英也那样呀。李连英是老太监，慈禧何尝不是清宫里的首席老宫女呢？唯其不同的是，其他老太监、老宫女身不由己，"终身大事"不由自己说了算。而慈禧的"终身大事"，却是由自己来把握的。所以，慈禧把李连英当作她的终身伴侣来看待。慈禧和李连英虽不能做夫妻，也恰恰因为李连英的太监身份，他们却正好可以光明正大地老来做个伴。这是无可指责的，也是见融于儒家社会的。

因为是伴的关系，在慈禧与李连英之间，似乎那种君臣界限很模糊。慈禧闷的时候，见李连英不在身边，她也不让人去叫，而是自己散着步，就溜溜达达，去了李连英的住处。女皇到一个太监的寝室去坐坐，这是绝无仅有的荣耀。就是男皇，也绝不肯也不能屈尊一个太监住处的。而李连英却能拥有这样的待遇，慈禧可以随意在李连英的院子里、屋里乱转，东瞧西望，赏花喝茶。李连英虽然不时表现出受宠若惊的样子，可他们主仆之间，还是显得很随意，很放松。慈禧第一次临幸李连英住宅的时候，李连英郑重其事地把慈禧坐过的椅子，用象征皇家的黄布包上。慈禧去过李连英宅院多少回不得而知，我们知道的是，在李府有八张椅子全部被包上了黄布。慈禧每每到了李府，看着自己坐过的那些椅子被包起来，就深感她的这位李总管既忠心，又细腻，因而对他愈加信任。你也别担心李府没有椅子坐了，只要慈禧能来坐坐，别说是八把椅子，就是八十把、数百把，偌大的李府也放得下。

因为这种关系，李连英就是到了颐和园最最尊贵的地方——慈禧寝宫，也不必多礼，而且可以赐座。也就是说，李连英可以和女皇慈禧面对面坐着拉家常。不仅如此，他们二人还常在一起并坐听戏，凡李连英喜欢吃的东西，慈禧多在膳食中为他留下来。甚至每天三顿饭，早晚起居，慈禧与李连英都互派太监问候，或两人当面问候。无论是在中南海，还是在颐和园，慈禧经常主动去找李连英玩："连英啊！咱们遛弯去吧！"有时，两人遛弯遛到慈禧的菜地，他们就采摘一些回来。在慈禧寝宫，大清帝国的主宰，会毫无架子地给李连英做顿小吃。因为自我满意，就问："连英啊，我做的菜不比御膳房做得差吧？"李连英那张嘴，就会说："那自不用说，要不怎么您是老佛爷呢？配享老佛爷的人，不干是不干，要干，干什么都不输人。”

慈禧笑道：“连英啊，你不用拍我的马屁。”李连英道：“我是老佛爷什么人呀？就是说了几句奉承的话，你也不觉得我虚伪。”慈禧哈哈大笑：“连英啊，天底下就你会说。也别说，要是那些文武大臣这么拍我的马屁，我早就恼他们了。你在我面前，说什么都不过分，我也喜欢听。”这家常就这么拉着，一会儿吃，一会儿穿，一会儿政治，一会儿长生不老术，谈着谈着就到了深夜。说来，这也是常事。

话题多了，谈兴浓了，家常与国策，也实在难以区分。李连英也就由此，身不由己地切入清帝国的大政。聊天的时候，慈禧常常在人事安排、对外政策等问题上，顺便征求李连英的意见。李连英也是顺势而下，提出自己的看法。慈禧觉得李连英的意见很有道理，因而多有采纳。渐渐地，李连英的意见，也就成了慈禧的意见。无怪乎李连英晚年与人谈话时，每每提及慈禧，他总是用“我们”二字。可见，他与慈禧之间、主奴之间的那根线，是何等模糊。

李连英手下的太监们，也都不是省油的灯，他们看到李总管家里的那些黄布包裹的椅子，听到李总管嘴里“我们我们”地谈论老佛爷，就知道李连英不仅仅是他们太监的李总管，而且是整个帝国的李总管，是一人之下万人之上的李宰相。所以，那些猴精似的太监们，私下都称呼李连英为九千岁。你知道谁还配称过这一称号吗？那阉人就是明朝的魏忠贤呀。因为李连英权重，满族高官才热衷于屈尊李府，拜谒李连英李大总管。这时的李连英，才配称清宫里的首席太监，也才配得上清宫里的首席宫女慈禧。说大清国被慈禧玩弄于股掌之间不准确，应该说是被慈禧与李连英玩弄于股掌之间。

李公公也这么说

李连英的政治地位，众所周知。趋炎附势的人，也就顺杆爬。我们这里仅举一例，1900年，保守派大臣端亲王载漪，无论在慈禧面前，还是在军机处，每每谈及义和团，他必定说李总管也赞成此议，或曰李公公也这么说、李公公也是这个意思。载漪之所以这么做，目的是堵住反对者之口，因为他知道李总管的意旨，没有人敢反对。慈禧或军机大臣也很爱听类似的话，以为李总管、李公公赞成的，必定是有把稳的事。在慈禧看来，不能说"老头子说的都是对的"，起码这里面有个"知己效应"。平时，她与李连英几乎不分彼此，关系上不是老伴，胜似老伴。李连英的话听多了，又顺耳，又好听，顺势而下，李连英的任何话都中听了。

李连英毕竟是太监，他管管太监、理理内务府还可以，义和团的事、对外的事，却是他所把握不了的了。他是慈禧的家奴，但同时又是一个人，因而他也有自己对时局的看法，这都正常。问题是，他特殊的身份，会使他的观点，变成公共认识。载漪借助李连英的话，推动自己的政治意愿，慈禧认可，那是"知己效应"。军机大臣们予以呼应，看中的是慈禧说一不二的权力。而这个政治至尊的老太婆，又最爱听李公公的话，你不响应"李公公也是这个意思"的意思，就是反对老佛爷。谁愿意谁又敢站到老佛爷的对立面去呢？你就不怕丢脑袋吗？因此，聪明的载漪只要一抛出"李公公也是这个意思"，他的政治议题也就很容易获准通过。因为屡试屡爽，满朝文武大臣都找到了这窍门，"李公公也是这个意思"也就成了大清帝国的一道金字招牌，人人扛起，一到关键时刻，把此话一抛，文武大臣全被镇住了。于是，中央政府只剩下了一个声音，那就是大太监李连英的声音。

当大清帝国用同一个声音说话的时候，义和团就成了中央政府拿来对付西方人的利器。我们很难想象，如此重大的决策，竟然出自一个太监，而且也被赞成。既然"老头子说的都是对的"，慈禧就下令，鼓励义和团多杀西方人，以杀洋人的多少，论功行赏。因是巨额赏金，又得到老佛爷的坚定支持，清帝国突然之间变成了一个巨大的火药桶，瞬间爆炸，杀洋人，抢店铺，烧豪宅。连带之下，许多清国人也都成了被烧杀掠夺的目标。那结果大家都是知道的，我这里先一笔带过，后面还会专门来讲。

褒贬不一的人

总的来说，李连英是个褒贬不一的人。其争议性，主要来自他是否贪。一种观点认为，这位李公公相当贪。在晚清小说《官场现形记》中，那位黑大叔，就是李连英的化身。李连英有多贪呢？他都"黑大叔"了，你说有多贪？

如果你认为那是小说，我们就从历史的角度去看看李连英之贪。有很多史料，矛头直指李连英，如说重修颐和园时，李连英及其手下侵吞大量工程款。如1886年4月，直隶总督兼北洋大臣李鸿章，说北洋海军已训练成军，奏请朝廷派大臣前往检阅。慈禧接报，便派总理海军衙门大臣醇亲王奕譞前去视察。奕譞乃当今皇上载湉的生父，当年，当他得知自己的儿子被确定为皇位继承人时，顿时就吓得晕厥过去。他深知慈禧是什么人，所以，处处格外小心。这次让他出外视察，海军那是什么地方？是帝国最为敏感的一根神经呀，是闹着玩的吗？他去了，要不要接触海军高层？要不要发表讲话？要不要吃饭？到处都是慈禧的密探，稍有不慎，就会引来慈禧对自己的猜忌，乃至杀身之祸。考虑再三，他主动要求派李连英随行。慈禧也是这么想的，就当即批准了。

李连英与奕譞同往旅顺、威海视察海军，时人都评论说，海军高层对李总管的尊敬，远远高过醇亲王奕譞。凡北洋官员，自海军提督丁汝昌以下，莫不竭诚尽力，以讨好李连英。据信，李连英此行所受到的谄媚与贿赂，无以计数。奕譞与李连英回京后，监察御史朱一新向皇帝上奏，说派一个太监去视察海军，是对大清帝国的嘲讽。同时，他强烈批评李连英妄自尊大，收受地方官员的贿赂，理当严厉查处。这也就是李连英，换成醇亲王奕譞得到这样的恶评，早获罪不浅了。

有人说，李连英权倾朝野，收受贿赂，"干预朝政，广植私党"。还有人说："他权力甚大，除召见外，无论任何事情，他都有权行使。因为太受太后的宠信，并允许他敛财，除荣禄外，其他大臣及太后的家属，都不敢与他相比。"[1] 更有人说，1898 年之后，李连英曾夸口说，百官的升降，都由他随意决定，连皇帝也不能奈何。[2] 最后一种说法，显然就太过了。

晚清改革派人士王照有不同的说法，他说醇亲王奕譞去旅顺、威海视察，每次接见文武官员，都让李连英作陪，是以避嫌。而李连英则记着安德海的教训，每天穿着朴实，替亲王奕譞拿着一支旱烟袋，随时装烟、递烟（这在姜文主演李连英的一部电影里，得到过体现），回到住处则不见一个来访的人。因在朱一新的奏折里，没有举出一例李连英受贿的事证，亦无其他违法事实，慈禧一怒之下，将朱一新由御史降为主事。

就李连英干政、贪污与否的问题，我的看法是，李连英在政治上可以左右慈禧的想法，却无法主导百官的升降。别说慈禧不允许，就是李连英本人，以他圆润和乖巧的性格，以他的前车之鉴安德海的教训，他都不会去直接干预提拔谁、不提拔谁。他真心要那么干，慈禧也不干。除非慈禧不是女强人，除非李连英赶上魏忠贤那样的宫廷环境。李连英的贪污是没有问题的，至于怎么贪，那是很讲究技巧的，也很隐讳。所以，取证就成了问题。慈禧自己就讲，大清的官员没有不贪的，更何况靠近极权的李连英呢？贪归贪，李连英好像还有点"君子爱财，取之以道"的味道，载湉和慈禧过世后，据说他把自己历年得到的价值连城的赏赐、收藏的珍宝，都交给了隆裕太后（慈禧的侄女），然后只身一人，告老还家。如然，李连英也不像是一个爱财如命的人。至少在物质方面，李连英还算拿得起，放得下。

李连英与载湉

接下来，再说说李连英与皇帝载湉的关系。有人说他们关系非常坏，彼

---

[1] 濮兰德、贝克豪：《慈禧统治下的大清帝国》，天津人民出版社，2008 年版，第 49 页。
[2] 濮兰德、贝克豪：《慈禧统治下的大清帝国》，天津人民出版社，2008 年版，第 49 页。

此视为冤家对头；有人说，他们关系和谐，彼此关照。以 1900 年他们在西逃路上为例，说有一天，西逃队伍走到保定住下，慈禧睡觉的地方被褥铺陈华美，李连英住的稍差一点，但也很不错，而皇帝载湉睡觉的地方却很凄惨。李连英侍候慈禧睡下后前来探望，见皇帝在灯前枯坐，无一人在内值班，一问才知，皇帝竟然连铺的盖的都没有。时值隆冬季节，载湉冷得根本无法睡觉，所以，只好坐着。李连英触景生情，当即跪下，抱着载湉的腿就痛哭不止："奴才们罪该万死！"说完，跑回去，把自己的被褥抱来给载湉用。后来，载湉回忆西逃的苦楚时曾说："若无李谙达[1]，我活不到今天。"

另有人说，李连英和载湉皇帝感情极深。据说，在载湉被囚禁瀛台的日子里，李连英常常陪伴在载湉左右。载湉临终时，甚至拉着隆裕皇后的手，亲口嘱咐要"善待李连英"。这种说法，大可存疑。慈禧是眼里不容沙子的人，载湉就是她眼里最大的沙粒。李连英那么一个会看风使舵的人，怎么会没事跑去伺候一个被囚禁中的皇帝呢？如果说李连英有心两面讨好，尽量做到在皇族之间八面玲珑，那倒也值得一信。问题是，政治不允许他做一个两面派。只能说，他在皇室成员之间倍加小心罢了。这是不得已的一根钢丝绳，他走也得走，不走也得走。我们注意到，在清朝官员撰写的回忆录中，无一人说李连英的坏话。可见李连英的钢丝绳技术还算不错。再从李连英的晚节来判断，如果一定要说他始终立于不败之地，也未尝不可。

慈禧去世三个月后，即 1909 年 2 月 21 日，李连英离开生活了半个世纪的皇宫。当时主政内宫的隆裕太后，为感谢李连英对皇宫的贡献，准其原品休致，就是带原薪（月六十两白银）退休。1911 年，六十四岁的李连英死了，清廷拨付一千两白银，为其在北京恩济庄的太监墓地修造了一座豪华坟墓。作为一个太监来说，这也不失为一种尊严。对于李连英个人来说，这也算作寿终正寝了。从这些信息来判断，举足轻重的小李子，其为人处世，真的很圆滑老到。

---

[1]　谙达：老伙伴或师傅之意。

误入歧途梅花拳

慈禧排外

在上一章节，我们已经切入义和团的话题。那么这一节，就是专门针对义和团来说事的。说义和团之前，先来说说慈禧的排外。其中的原因就在于，没有慈禧的支持，就没有义和团的兴盛。

慈禧为什么要支持民间组织义和团呢？要从她个人的经历说起。注意，我说的是她个人的经历，而非出于帝国大局这个角度。戊戌年间的宫廷政变结束后，皇帝载湉的追随者，杀头的杀头，逃跑的逃跑，可主使者载湉还"逍遥法外"，这很使老太婆不能容忍。怎么办呢？杀了载湉，政治风险太大；囚禁载湉？已经囚禁了，可慈禧横竖难舒胸怀，那口恶气就是不知从哪里出。想来想去，决定把载湉从皇帝的宝座上给拉下来。你说别人要这么干吧，还要"舍得一身剐"，才"敢把皇帝拉下马"。慈禧完全不用这个，只要她愿意，她手里的任何皇帝，都可以像秋风扫落叶一样，飘然而下，而她自己毫发无损。

说慈禧拿别人的冕不当回事，那基本都是甲午战争之前的情形。甲午战后，有很多外部因素注入大清帝国。在西方国家看来，偌大一个清国，却被小小岛国的日本打得一败涂地，这太不可思议了。冷静下来以后，他们想起一百多年前，英国使节马甘尼的一个判断：清王朝将会破产。清日甲午战争，清帝国的惨败，已经应验了马甘尼的预言。这时的西方人，开始重新评估清帝国，以及他们之间的关系。因为西方人做出了新的定位，当慈禧决定废黜载湉，另立一个皇帝时，各国驻华使节表示深度关切。他们认为，清国政权的更迭，不符合各国的在华利益。因此，一致表示反对让载湉下台。

无形中，载湉这位改革派领袖一下子得到各国的支持。自然地，慈禧也就把各国的行动，看作是站到了她的对立面。这更加激怒了慈禧，于是她想到谋杀，每天命皇家御医进宫，给载湉看病。然后对外造势，说皇帝病情严重云云。这反而加大了各国公使的强烈关注。延及开来，各省高官也纷纷加入进来，要求保护皇帝。慈禧不断地在宫里发火，见太监不顺眼，就打太监；见宫女不顺眼，就打宫女。她几乎是见谁骂谁，恼谁打谁。最终，慈禧还是一意孤行，决定曲线自救，立一个太子，彻底架空载湉。

1899 年，慈禧宣布，立载漪的儿子溥儁为皇太子。在满族人来说，皇太子就是大阿哥。慈禧示意各国使节进宫道贺，可各国使节根本不理这个茬儿。这不仅使慈禧难堪，也使她架空载湉的计划落空。就在这个节骨眼上，受到外国人保护的不同政见者康有为、梁启超，在日本发表文章，戳穿慈禧的政治阴谋。慈禧简直到了怒不可遏的地步，她的发飙一天比一天迅猛了。太监、宫女，但能躲得开的，都躲了慈禧。值日躲不开的，也都把头垂着。这也让慈禧怒火中烧："奤拉个葫芦（脑袋），你给谁出丧哩？"李连英见慈禧天天恼怒，就谨慎地提醒说："老佛爷近来肝火太旺，是不是请御医把把脉？"慈禧一听更火了："我没病！这都是让洋鬼子给害得。宫里宫外，这么多奴才，没有一个人为我出主意。你们倒是说说，咱们该怎么对付这些洋鬼子。"

李连英赶紧把话递上："奴才听说，山东那边的拳民很是爱国，他们有一种神奇的法力，用不着变什么法，改什么革，只要口中念念有词，洋人的枪炮就蔫了。"慈禧立时心情转好："连英啊，你咋不早告诉我？前些日子，还有大臣跟我说起这事。这两天，叫可恨的洋鬼子给闹腾的，我倒把这茬儿给忘了。我记得端亲王就给我提过这事，他还说，你也赞成义和拳灭洋人的威风。"李连英小心着说："这都是奴才不成熟的一点意见，不知对不对。

所以，一直没敢跟老佛爷说这事。"慈禧半是嗔怪地说："连英啊，成熟不成熟，你有什么意见，都要跟我说。你必须站在我一边。合宫上下，我就你一个知心人了，你可不能外道。"李连英唯唯是喏。慈禧又说："你快给我细细讲讲义和拳的事。"

义和团的缘起

李连英怎么向慈禧介绍义和拳，咱们按下不表。在这里，我先来说说义和团的三个发展阶段：梅花拳—义和拳—义和团。由此我们可以看出一个民间组织的演变。梅花拳，为民间习武阶段；义和拳，为官方引导性阶段；义和团，为官方全面介入阶段。

关于梅花拳的缘起，说法很多。中国历史的特点是，帝王将相主导一切。梅花拳属于民间，它的事迹也就鲜见于历史文本。后来人们重视文化了，重视历史书写了，才想到去挖掘梅花拳的历史，因此造成不计其数的版本。不过在我看来，梅花拳起源时间的早晚都不重要，重要的是，我们要知道，梅花拳就是一个强身健体的载体。在中国北方农村，每到农闲，或春节前后，习武健身，几乎成为一种传统。我小时候就是这么过来的。习武的农民组成一个团队，行话叫作"武场"。平时练，正月十五演。说是演，那可是真刀真家伙，也常有人受伤。"散灯"（元宵灯节）后，刀枪入库，马放南山，该干吗就干吗去了。想来，各地的梅花拳组织，也不过如此。用今天的话说，这也叫自娱自乐吧。

梅花拳是民间秘密会社组织，乾隆、雍正的时候，最怕这个，所以才有文字狱。也别说是清初，是个专制集团就怕民间组织。民间人士，一旦集而会之，封建专制主义者第一想到的，就是人家要颠覆他的鸟位。所以，对民间组织千方百计地予以剿灭，剿不灭的就控制使用。唉，对了，梅花拳就属于被控制使用的那一类。

1897 年 11 月，山东发生曹州教案，两名德国传教士被冲入教堂的村民打死。德国立即做出反应，乘机出兵占领了胶州湾和青岛。德国皇帝对其舰队说："如清国阻挠我方的行动，以老拳相向即可。"

德国的行动，加剧了山东各地的排外情绪。虽然我们不知道村民因何冲入教堂，并杀死德国传教士。但我们知道，自鸦片战争以来，在短短的几年里，列强对清国的瓜分，还是激起了民间的强烈不满。西方人已经从甲午战争中，看到了清帝国的无能。因此，他们在清国的行动少有节制，甚至是我行我素，恣意妄为。加上外国传教士中的一些瘪三无赖之辈对当地百姓的凌辱，以及一些清国教徒利用传教士的力量，横行乡里，为非作歹。而传教士袒护教徒，地方官员又畏惧洋人，使乡民的怨恨更是与日俱增。

这一切的一切，清宫里的人，肯定不会有基层百姓的体验。农民怎么办？内有贪官污吏的盘剥与欺压，外有列强的挤压与侮辱。老百姓就像风箱里的老鼠，两头受气。就这么窝窝囊囊的到死吗？不行，要出这口气。拿谁为出气的对象呢？对自己的父母官显然是不行，这些人个个如狼似虎，老百姓都被他们欺压怕了。算了，那就弄老外吧，他们没有坐地的势力，个个形单影只，好对付。于是，就有了曹州教案。也不知怎么，干着干着，面就扩大起来。偶发事件，蔓延成行动计划。

应该说，梅花拳组织在排外行动中，起到一定的带头作用，渐而发挥起领导作用。既然是有组织、有计划的行动，怎么也得有个旗号吧。也不知是哪位天才，就把梅花拳改成了义和拳。一个"义"字，把我们的遐思又送回到了梁山泊，使人想起"替天行道"的那面大旗。到义和拳这里来解释这个"义"字，就是替清王朝这个天行道呀。可惜的是，清朝的天，早已弥漫着一股浓浓的尸臭味，任你是谁、什么组织，都回天乏术。但清政府里的地方官，却看到了这个难得的时机，他们决定把民间组织义和拳，为我所用。这个地方官就是山东省省长（巡抚）汉裔旗人毓贤。在刘鹗的小说《老残游记》里，我们领教过这位以酷刑闻名的地方官。在小说中，玉贤（毓贤）因急于做大官，他是什么伤天害理的事都做得出来。现实中的毓贤亦然，他已经嗅到慈禧深恨洋人的气味，因而决定利用义和拳，为老佛爷出口恶气。这事要是办好了，他还不得爬上朝堂，去做更大的官。

1899 年，毓贤就提出"民可用，团应抚，匪必剿"的思路，对义和拳采用扶持的办法，将其招安纳入民团。于是，义和拳摇身一变，成了义和团。到底是政府官员，毓贤给义和团一个响亮的政治口号，即"扶清灭洋"。还是帮着大清回天的意思。短期目标，则是拍慈禧的马屁，好让那个老太婆重用他。

好家伙，义和拳一变义和团，那真是该出手时就出手，风风火火闯九州。清国大地上的洋人洋物，顿时成了众矢之的。各国对层出不穷的暴行提出抗议，清政府不得不把毓贤召回北京，擢升袁世凯继任山东省省长。袁世凯对时局有清醒的把握，他禁止义和团滥打滥杀。义和团反抗，袁世凯就用他所统率的新军予以镇压，把义和团的领袖朱红灯给处决了。义和团在山东不能立足，纷纷逃到河北省。河北是梅花拳的发源地，义和团的到来，实现了某种意义上的寻根。后来，义和团在河北的发展壮大，不能说这里面没有渊源关系。

向全世界宣战

毓贤回到北京，向保守派大臣载漪、徐桐、刚毅汇报说："我保证义和团是天老爷特地派下来的救星，他们个个有神灵附体，刀枪不入。"朝堂上的这批高级人渣，竟然集体向慈禧力荐义和团。这时的慈禧，正在宫里与李连英谈论着义和团，几位大臣再这么一火上浇油，老太婆欣然接受。慈禧发出指令，那就让义和团好好干吧，我大清有救了。

1900 年 1 月，慈禧正式发布诏令，招安义和团。义和团有了正式的名分后，开始大干起来，他们在河北涿州、保定一带，杀害铁路上工作的外国人。外国使馆提出交涉，慈禧命尚书兼北京市长（知府）的赵舒翘前往调查。赵舒翘归来后报告说，义和团都是忠义之士，确确实实不畏惧任何枪炮。慈禧深深感到，自己招安义和团的决定没有错。于是，老太婆命义和团开进北京，并亲自接见了他们的领袖曹福田。曹福田向老太婆保证，他的法术可以把天下所有洋人杀光。皇太子溥儁受到鼓舞，他在颐和园里一副义和团装束，并自称是副领袖（义和团首领称师兄，曹福田是大师兄，那么皇太子就是二师兄），誓言扫除那些阻碍他立即登基的洋鬼子。

直隶总督裕禄[1]也一改他的政治倾向，由原来的剿灭义和团，转变为扶助义和团，并立即向他曾经反对的义和团发放了饷银。此外，他更邀请义和团女领袖黄莲圣母到他的官署，下跪叩头，请求拯救天下苍生。黄莲圣母宣称，她已命令天兵天将降下大火，把外国人全数烧死。同时，朝中大臣刚毅、庄亲王载勋、端郡王载漪、辅国公载澜等亦表态，支持义和团。因为义和团得到清廷的支持，又得到帝国实权派们的大力扶助，一时间，拳民成了整个帝国的香饽饽。全国各地的拳民，纷纷涌入梅花拳的圣地河北。随之，一场轰轰烈烈的烧教堂、杀洋人的运动，迅猛铺展开来。随后调到山西任省长的毓贤，也给那里的洋人带去了灭顶之灾。

就这样，全国各地几乎皆陷于义和团的风暴之中。外国人很少侥幸逃脱，妇女婴儿也不能幸免。不仅外国人，凡是信基督教的清国人，以及跟西洋事务有关的清国人，如带西洋眼镜、穿洋装的人，同样厄运当头。跟西洋有关的东西，如洋楼、铁路、电线，也都被破坏和焚毁。北京的西药房也未能幸免，结果是一烧俱烧，使得京城四千家商店、住宅被波及，义和团还不准救火。

1900年4月，英、美、德、法四国公使先后照会清政府，限令清政府在两个月内剿灭义和团，否则将直接出兵干涉。5月28日，驻北京的各国公使举行会议，决定以保护公使馆为名，联合出兵北京。与此同时，英国全权公使窦纳乐要求泊在大沽附近的十七艘外国战船增援。5月30日至6月8日，联军近千人由天津陆续开抵北京，进驻东交民巷。

6月9日，慈禧调董福祥的军队进城，驻扎在天坛和先农坛附近。后来，董福祥军中不少士兵也参加了义和团。

6月10日，端王载漪出任总理衙门大臣，义和团拳民同时开始大举入京。

---

[1]　读者切勿将荣禄与裕禄（1844—1900年）混淆。这里提到的直隶总督裕禄，也是晚清大臣，只不过他没有荣禄那样大的名气罢了。裕禄乃喜塔腊氏，满族正白旗人。他的最后一个职位就是直隶总督，1900年7月，八国联军占领天津，他率败兵退守北仓。8月初，他逃至杨村（武清）服毒自杀。

据统计，北京的拳民最多时超过十万。

6月11日，日本驻华使馆书记杉山彬到火车站探听援军的消息，在中途被清军刺死，并被开腹剖心。同日，驻天津的各国领使组织两千人的联军，由英国的海军司令西摩尔带领，乘火车增援北京十一国公使馆。因铁路被拳民破坏，西摩尔受阻于天津城外的杨村、廊坊一带，与清兵及义和团展开激战，因战斗不利，退回城中。

6月13日，义和团进入内城，对西方人的十一所教堂进行了攻击。拳民在北京放火烧掉教堂和一切与西洋有关的事物。

6月16日，前门一带约千家（一说四千家）商铺因老德记西药房大火而被烧成废墟，正阳门楼、北京二十四家铸银厂也遭烧毁。拳民同时四处破坏教堂攻击教民，庄王府前大院被当成集体大屠杀的刑场。除了屠杀教民外，义和团更滥杀无辜，诬指许多市民（包括许多妇女儿童）为白莲教而烧死戮死。时有目击者记载："乡民适趋市集，七十余人悉縶以来，伪饰优伶冠服儿童戏服，被（义和团）指为白莲教；下刑部一夕，未讯供，骈斩西市。有妇人宁家，亦陷其中，杂诛之，儿犹在抱也。"也有被公报私仇而杀者，如扶持义和团的神机营副都统庆恒一家大小十三口全部被杀害。而义和团民的不同派别，也互相武斗残杀。义和团、京师禁军和甘军也肆意奸杀妇女，不计其数。除了屠杀奸淫外，义和团及清军也掳掠洗劫商户平民，并将赃物公开拍卖。当时的权贵之家也不能幸免，如吏部尚书孙家鼐、大学士徐桐的家都被抢掠，徐桐（时年八十）更被义和团民拖出批斗。

6月17日，联军攻占大沽口炮台。慈禧命刚毅、载漪、载勋、载濂、载澜统领义和团，载勋任步军统领九门提督，进行防御。

6月20日，德国公使克拉德亲自去总理衙门交涉，在中途被载漪所统率的军队射杀。

6月21日，一切都朝着不可收拾的险境滑去。尤其清宫里那个无知的老太婆，她竟然以皇帝的名义，向英国、法国、德国、俄国、美国、日本、意大利、奥匈帝国、西班牙、比利时、荷兰十一国同时宣战。[1] 清政府在向各国宣战的同时，竟悬赏捕杀洋人，规定杀一个洋人赏银五十两；杀一个女洋人四十两；杀一个洋孩子三十两。上述诸国，乃当时世界的所有大国。向他们宣战，等于向全世界宣战。这个老太婆，她自己找死不说，还要带着帝国及无辜的人民一同赴死。造孽呀！

不同政见者

在帝国危在旦夕之际，也并非全无反对声。在清政府尚未向各国宣战时，反对派们为了抵制保守派（载漪、刚毅、徐桐等）招安义和团，抛出针锋相对的主张，即痛剿义和团。反对派们分别是：两江总督刘坤一、湖广总督张之洞、两广总督李鸿章、铁路大臣盛宣怀、山东巡抚袁世凯、闽浙总督许应骙。这些人在晚清政治舞台上，全是有头有脸的人物。不过，慈禧并不给他们面子。反对派并非等闲之辈，他们一边提出自己的主张，一边商议如何保存东南各省的稳定，避免给列强以入侵借口。同时，密议盘算，倘若北京失守而两宫不测，当由李鸿章做总统支撑局面。清政府向十一国宣战后，刘坤一、张之洞、李鸿章、许应骙、袁世凯，以及四川总督奎俊，即和外国达成地方性的"东南互保"协议。

东南各省头头，在清政府向十一国宣战的情况下，竟违抗中央命令，与各国达成互不侵犯条约。这种性质严重的叛国罪，每人判他们个十次杀头之罪，都算是轻的。然而，事后几位大臣不仅没有受罚，反而得到褒奖。比较之下，另外几位反对义和团的大臣，就没有这么幸运了，比如大臣许景澄及袁昶，他们就积极主张通过对话解决一切。1900 年 6 月 20 日，袁昶在《谏阻纵容拳匪第一疏》中说，义和拳实系白莲教之余孽，他们绝无避枪炮刀斧之妖术。袁昶指出：

---

[1]　最终组成联军的，是前面八个国家。后来的澳大利亚，也出兵清国了。但中国历史的习惯说法，仍是"八国联军"。

……涞水戕官未痛办，遂致匪胆愈张，甚且焚毁芦保铁路，京津铁路电杆，又毁京津至张家口电线。此皆国家派员出内帑借洋款所经营。一旦焚毁，数百万巨资，深堪悯惜。又焚杀教堂教民数百处，将来议偿亦不资……

袁昶说，拳匪攻击各使馆，纵横恣肆，杀人放火，实属罪大恶极。

二十日焚烧前门外千余家。京城财产精华所聚，焚掠一空。士民搬徙，十室九逃……为今之计，惟有先清城内之匪，以抚定民心，安慰详情……乃可阻其续调之兵。

7月8日，袁昶与许景澄联名上疏，说拳匪围攻各国使馆。

使馆附近居民，遭鱼池之殃者，不计其数，车城一带京官私宅劫掠殆尽……二十余日，洋兵死者寥寥，而匪徒骸骼狼藉，遍于东交民巷。平日妖言惑众，自诩能避枪炮之术，而今安在？今各国纷纷调兵，以代剿匪为词，疑之者谓乘机窥窃。……臣亦知飞蝗蔽天，言出祸随，顾念存亡呼吸，区区蝼蚁微忱，不忍言，亦不忍不言，是用冒死具奏，伏乞太后皇上圣鉴。

1900年7月15日至25日，八国联军大举进攻北京，袁昶与许景澄冒死第三次进谏，这时诸多亲王和大臣，却都在为义和团喝彩。两位大臣在7月23日的奏折中说："非诛祖护拳匪之大臣，不足以剿拳匪。"他们列举了那些支持拳匪的大臣，如徐桐、刚毅、赵舒翘、启秀、裕禄、董福祥、毓贤等，要求朝廷对他们严办。这也激怒了支持义和团的大臣们，袁昶也就只有死路一条了。

7月27日，袁昶与许景澄被戴上镣铐押往刑部。在去刑部的路上，挤满了义和团成员。其中一个义和团员诘问袁昶，你为什么仇视义和团？袁昶说："大臣谋议国事，岂是你等该问之事？"之后，袁昶与许景澄被押往菜市口处死。同年 8 月 11 日，清廷又处死了主和的另外几位大臣，分别是联元、立山及徐用仪。

血腥的夏天

接下来，我们做个简单的总结，看看清国与八国联军之间彼此欠下的孽债。先说义和团在全国各地屠杀外国人的情况。一般而言，排外流血事件，主要集中在华北的河北、山西，以及内蒙古和东北地区。下述伤亡情况和死亡数字，来自教会人士的统计。

山西省是排外流血事件的重灾区。为什么这么说呢？你还记得那个叫毓贤的高官吗？他在山东任省长的时候，积极推动义和团的排外行动，惹火了驻华各国。迫于压力，慈禧把他免职，调袁世凯去山东补他的缺。后来，慈禧的立场急转直下，在毓贤等王公大臣的鼓动下，站到义和团一边。也因此，毓贤重新被起用，调往山西任省长。我们在前面说排外事件的集中地时，没有提到山东，可能有的读者会有疑问，说义和团源自山东，怎么那里不是排外事件的集中地呢？那是因为毓贤被调走了，换上来的袁世凯，是不赞成排外的，且用军队镇压义和团。义和团的人在山东待不下去，都跑到河北去了。所以，山东的排外事件被有效控制。

山西就不同了，那个力主排外的毓贤到这里任职，算是狗熊有用武之地了。他不分青红皂白，就对外国人及清国天主教徒大开杀戒。1900 年 7 月 9 日，毓贤在太原巡抚衙门前，亲自监斩天主教传教士十二人（意大利籍主教两位，神父三位，修士、修女七位）、新教传教士及其家属子女三十四人（这些人属于英国浸礼会和寿阳宣教会，其中儿童十一人）。也就是说，毓贤一口气就砍了四十六颗外国人的头颅。（中华书局 1983 年版的《中国近代史》一书，指斥毓贤先后诱杀、捕杀传教士和他们的家眷一百五十多人）。除此之外，山西全省被杀的清国天主教徒，据说有五千七百余人，新教徒也有数千人。

最终的统计结果表明，山西是全国仇杀外国传教士及其侨民最多的省份。1900 年夏，山西省共有二百四十一名外国人（天主教传教士五十三人，新教传教士及其子女共一百八十八人，其中儿童五十三人）、两万多名清国基督徒（天主教一万八千人，新教五千人），死于毓贤的屠刀下。

1900 年 7 月 19 日，在内蒙古的清军马队，攻入其西南教区主教堂，村内大批天主教徒被杀，比利时籍的韩默理主教被手足合系，贯以竹竿，然后以铁索穿肩骨，囚于笼内，拉着到处游街，可谓痛不欲生。直到 7 月 24 日，才将其杀死。蒙古东部教区，则发生了滦平县活埋神甫的事件。蒙古中部教区，除在西湾子（河北崇礼）教堂避难的五千多教友外，绝大部分被杀，估计死亡的人数有三千二百多人。

河北、辽宁两省的情况似乎稍好，但也是一派火光冲天、鬼哭狼嚎的景象。由于直隶总督裕禄的支持，义和团遍及全省各县，他们对教堂、教徒的攻击，也是无所不尽其极。1900 年 7 月 20 日，陈泽霖率领的清军攻破景州朱家河村，聚集在该村的三千多天主教徒与两名神甫，不分男女老幼，全部赶尽杀绝。另外在辽宁被杀的天主教徒，据称也有一千四百多人，其中主教一名，神甫十名。其他各省如浙江、湖南、陕西、山东、河南，也不同程度地发生了排外流血事件，教堂被毁者，十有七八。

📖 马甘尼"清王朝破产"的预言

1793 年，马甘尼为贸易出使清帝国，无功而返。他回国时，弘历（乾隆）命他纵穿清国本土，目的是使英夷震惊于清国的富庶和强大。马甘尼却发现，清政府的贪污病菌，已深入肺腑，而贪污和强大是不能并存的。马甘尼还发现，清国的科学极度落后，而科学落后和强大也是不能并存的。更重要的是，马甘尼发现清国的武装部队如同一群叫花子，不堪一击。清军没有受过严格的军事训练，使用的武器，又都是西方人早已抛弃了的刀枪弓箭之类。马甘尼由此得出结论："清政府的政策跟自负有关，它很想凌驾各国，但目光如豆，只知道防止人民智力进步。"他预言清王朝将会破产。

📖八国联军与中国

八国联军总司令共有两任，前期由英国海军将领西摩尔担任，后期由德国陆军元帅瓦德西担任。瓦德西到任前，德国皇帝威廉二世发布命令说："你们知道，你们面对一个狡猾的、勇敢的、武备良好的和残忍的敌人。假如你们遇到他，记住：不要同情他，不要接收战俘。你们要勇敢地作战，让清国人在一千年后还不敢窥视德国人。"也的确，德国兵很好地贯彻了他们皇帝老儿的话，在屠杀清国人的时候，毫不手软。

京都落日西风吹

联军来了

1900 年 7 月 14 日，联军占领了天津，直隶总督裕禄兵败后自杀。8 月 2 日，联军集兵两万自天津沿运河两岸进发，在廊坊受到义和团的有效阻击，兵败后加大兵力一举占领廊坊。8 月 4 日，联军向北京进发，沿途并没有遇到真正有力的抵抗。当时沿途的清兵和义和团估计有十五万之多，而联军总数开始时仅三万多人（后来有所增加）。时值 8 月，气候炎热而潮湿，加上沿途浓密的玉米地形成天然屏障，为联军的进攻增添了种种困难。8 月 14 日凌晨，联军来到北京城外，经过两天的激战，到 8 月 15 日逐步攻占了北京各城门外的要地，并向北京发起总攻。清军随即与联军在京城各处展开巷战。至 8 月 16 日晚，八国联军已基本占领北京全城。从下表可以看出，八国联军中，以日本派遣的军队人数、军舰为最多，奥匈帝国派遣的兵力最少，仅具象征性。

八国联军兵力一览表

国家	军舰（艘）	陆战队（人）	陆军（人）
日本	18	540	20300
俄国	10	750	12400

英国	8	2020	10000
法国	5	390	3130
美国	2	295	3125
德国	5	600	300
意大利	2	80	
奥匈帝国	1	75	
总计	51	4750	49255

来者不善

八国联军把北京分成不同的占领区，实行军事统治。日占区设立"安民公所"，德占区设立"华捕局"，沙俄侵略军张贴布告，禁止清国人民反抗，说遇到执枪械的华人，即行正法。若某房藏枪，即将该房焚毁。

联军占领北京后，大肆杀戮，并对北京皇城、衙门、官府进行大肆掠夺。八国联军经常强指某人为义和团，然后不由分说加以杀害。联军把西四北太平仓胡同的庄亲王府放火烧光，当场烧死一千八百人。德国侵略军奉命"在作战中，只要碰着清国人，无论男女老幼，一概格杀勿论"。法国军队路遇一队清国人，竟用机枪把人群逼进一条死胡同，然后连续扫射十五分钟，不留一人。日军抓捕清国人，施以各种酷刑，试验一颗子弹能穿透几个人，或者故意向身体乱射，让人身中数弹才痛苦地死去。

史载："城破之日，洋人杀人无算。""但闻枪炮轰击声，妇幼呼救声，街上尸体枕藉。"英国人记载说："北京成了真正的坟场，到处都是死人，无人掩埋他们，任凭野狗去啃食躺着的尸体。"

八国联军侮辱妇女，任意蹂躏，据记载："联军尝将其所获妇女，不分良曲老少，仅驱诸裱褙胡同，使列屋而居，作为官妓。其胡同西头，当经设法堵塞，以防逃逸。惟留东头为出入之路，使人监管，任联军人等入内游玩，随意奸宿。"大学士倭仁的妻子已经九十岁，被侵略军百般侮辱而死。许多人不甘侮辱，含冤自尽。居住在锡拉胡同11号的国子监祭酒王懿荣愤怒地说："岂能被所辱？"于是全家投井自尽。载淳皇后的父亲、户部尚书崇绮的妻子、女儿被拘押到天坛，遭到八国联军数十人轮奸，归来后全家自尽。崇绮亦服毒自杀。

8月28日，八国联军在皇宫阅兵，各国军队在天安门广场金水桥前集结，列队通过天安门、端门，穿过皇宫，出神武门。依次有俄军、日军、英军、美军、法军、德军、意军、奥军等三千多人，俄国军乐队吹奏各国国歌、乐曲。阅兵之后，各国军官重新回到皇宫，以参观为名公然疯狂抢劫，一个英军事后回忆说："一大群联军军官见到这些东西伸手就拿，把他们想要的东西装入口袋。"

北京被占领以后，八国联军统帅、德军元帅瓦德西特许士兵公开抢劫三天，以后各国军队又抢劫多日。清国的珍贵文物遭到了空前的浩劫。皇宫和颐和园里珍藏多年的宝物被抢掠。俄军最高指挥官阿列科谢也夫将军等人，把慈禧寝宫用黄金和宝石精制的数十件珍宝洗劫一空。英、法士兵把各类珍宝抢光以后，又搬取大件之物，用大衣包，布袋装，运回驻地。仅嵩祝寺一处，丢失镀金铜佛三千余尊，锦绣制品一千四百件，铜器四千三百件。就连太和殿前存水的铜缸上面的镀金，也被侵略军用刺刀刮去，至今刮痕斑斑。法国天主教主教樊国梁，从一个官员家里抢走价值一百万两白银的财物；法国统帅佛尔雷一个人抢劫的珍贵财物就有四十箱；法军抢劫礼王府白银二百万两。东四一带的商店被抢掠一空，著名的"四大恒"金号全部被抢。地安门以东、东安门以北，房屋被焚毁十分之七八，前门以北东四以南，几乎全部被毁。

当时一位目击者写道："各国洋兵，俱以捕挈义和团，搜查枪械为名，在各街巷挨户踹门而入，卧房密室，无处不至，翻箱倒柜，无处不搜。凡银钱钟表细软值钱之物，劫掳一空，稍有拦阻，即被残害。"一个英国人说："凡是士兵所需要的，都是派出一队一队的士兵去抢劫清国人的财产而得来的。如果士兵需要一些东西，而清国人稍一迟疑的话，就免不了送命。"八国联军抢走北京各衙署存款约六千万两白银，其中日军劫掠户部库存白银近三百万两。

八国联军前期兵力约三万，后陆续增至十万。他们占领北京后，继续进攻其他地区，如保定、易县、永清、张家口、山海关、娘子关、正定以至山西境内。此间，俄国又单独调集步骑兵十七万（一说二十余万兵力），分六路侵占清国东北。10月6日，俄军占据了东北全境。

情何以堪义和团

满族人笔下的义和团

我们所看到的义和团，不是官方史，就是所谓野史。下面这段记载，来自满族人笔下。他就是1823年出生的满族正黄旗景善。这位老先生有写日记的习惯，尤其他在1900年关于义和团的日记，也就更加显得弥足珍贵。

1月25日　辅国公载澜今日来看望我，他告诉了我很多有关"爱国军"（义和团）的事情，这些部队由毓贤在山东训练出来。

1月30日　济寿卿今天告诉我，他的女婿毓贤将被任命为山西巡抚。自从他在山东杀害了一名法国传教士[1]而被撤去山东巡抚的职位以后，老佛爷就让他进见，并赞扬他的忠诚和正义。

6月1日　下午三点，刚毅来了。他告诉我说，昨天傍晚有几百个洋鬼子进了城里。……大太监李连英也是义和团的热情支持者，他总是不厌其烦地向老佛爷描绘义和团的技艺表演，这些技艺他亲眼所见。……荣禄不支持义和团，他是朝廷的叛徒。

6月10日　军机大臣启秀今天来访，他把草拟的与外国断绝

---

[1]　受害者应为英国人。

联系的诏书给我看，并准备让太后签字。下午我去了辅国公载澜的住处，今天是他妻子的生日。有一百多义和团员在他家外面的院子里，他们中大多数都是乡下人，受旗人长官文顺的指挥。他们中间有五六个十四岁的少年，在练功的时候进入恍惚入迷的状态，口吐白沫，身子疯狂地抓能够够着的任何东西，同时发出奇怪的粗鄙的嗓音。

6月14日　我能活着看到今天真是幸福，除了外国使团的楼房，所有其他的建筑都化为一片火海，倒在地上。在城市的每一个角落火势一直在蔓延燃烧，景象多么壮观！刚毅给我送信说，辅国公载澜到顺直门已经三次鼓励义和团放火焚烧法国使馆。数百名教徒被烧死，男人、女人和孩子们，焚烧尸体发出的恶臭非常大，辅国公载澜和刚毅捂住鼻子。老佛爷对义和团的勇敢感到吃惊，刚毅认为她对外国使团的攻击非常满意。

6月17日　今天大火一直在京城南部狂烧。那些勇敢的义和团点燃了大栅栏的外国医药库，顿时火焰熊熊地蔓延起来，烧毁了贵重的首饰和打金店。……前门外边的塔着了火，慈禧太后命令荣禄派八旗部队驻守城墙，以阻止流氓无赖们从大前门进入紫禁城。

6月20日　下午五点到七点。我刚刚拜访我的妹丈军机大臣刚毅回来，他把上午拜见的全部经过告诉了我。军机大臣都接到了老佛爷的通知，要在銮仪殿举行仪式。所有的亲王和大臣们都要预备拜见……荣禄满眼含泪，跪在太后面前。他力劝她记住，端亲王和其他军机大臣对外国使团的攻击，只能使祖先遗留下来的疆土日益缩小。……荣禄叩头三次，起身离开了拜见大厅，回到自己的住处。他一离开，济岫就趁势从他的皮靴中拿出草拟好的宣战诏书。太后陛下读毕，大声喊道："极好，极好，这正是我的看法。"她依次征求每位军机大臣的意见，他们都一致支持采取敌对态度。现在是安排将军们拜见的时候了，李连英过来搀扶太后陛下到勤政殿里喝茶。

所有清国的皇家贵族的主要成员都跪在大厅的门口，等待着太后陛下的驾到：恭亲王、醇亲王和端亲王，贝勒载廉和载滢，辅国公载澜和他的弟弟贝子英，庆亲王和五个军机大臣，庄亲王、肃亲王和怡亲王，朝廷六部和总理衙门下属九部之满汉各部大臣，满族旗人二十四支军队之将官，内务府总管。慈禧太后和皇上分别坐在轿子上，轿子由四个轿夫抬着。皇帝的轿子先落下，皇帝先行跪下，这时"仁慈的太后"离开轿子进入大厅，由大太监李连英挽扶着，后面紧跟着其下属崔进。皇帝面色苍白，可以看得到，当他坐在慈禧太后旁边的矮龙椅上时，是战战兢兢的。

老佛爷首先召集到场的所有人，靠近前面她和皇帝的位置，然后用激昂的语调说话。……军机大臣中汉人的下级官员赵舒翘接着说话，他恳求老佛爷发出命令，将国内所有外国人立刻消灭。在赵氏之后，每一个人轮流发表看法，满族人立山、汉人许景澄和袁昶恳求太后不要对全世界宣战。袁昶甚至进一步说，他担任总理衙门大臣已经两年，他发现外国人非常通情达理，就是行为上也是如此。他不相信要求太后退位的照会的真实性。[1]这时端亲王站了起来，愤怒地问太后是否愿意听那些汉人叛徒的话？慈禧太后严厉斥责了他那种粗鲁的举止，但还是命令袁昶离开了会见厅。没有其他人敢再说话。

然后她命令颁布诏令，立刻通知到帝国各个地方，宣布在开始敌对状态之前，她要不惜牺牲祖先的疆土，于是庄亲王和端亲王被任命为义和团的联合总指挥。

一点，刚毅回到了官里，他发现庆亲王在军机处的前厅，非常兴奋。恩海，一个满族的士兵，好像刚从他的住处过来，报告说他射杀了碰到的两个外国人。这两个外国人当时乘坐着轿子，就在路对面。端亲王和济岫已经对军队发出命令，不管在哪里遇到外国人，

---

[1] 慈禧最恼最不可接受的是外国使团的一个照会，说是让她退位，让载湉出来执政。事实上，这是一个假的照会。

都要格杀勿论。刚毅并不认为一个外国鬼子的死亡有什么大不了的，尤其是现在决定消灭整个外国使团。但是庆亲王想法不同，他反复地说，杀死公认的外交使节是一件严重的事情。

荣禄已经准备好护送外国人到天津，他随行只带了两千多名满族兵。

6月21日　皇帝和太后陛下已经从湖畔的宫中搬进了紫禁城。当慈禧太后经过西园门和西华门之间的路时，她看到许多义和团众整齐地站在街道两旁，尊敬地守卫着圣驾。她赏给了他们两千两银子。

6月22日　我的两个儿子，已经安排了二十五名义和团员住在我们家外边的院子里。我们还不得不给他们提供食物。尽管大家都参加到消灭夷狄的高尚活动中去，但我还是会抱怨，为了义和团，在这最困难的时期还要花钱，因为现在大米比珍珠还要贵，柴火比桂花还要贵。

荣禄坐着轿子去拜访他的亲戚。他看起来非常疲惫，走路一瘸一拐。他大声地谴责义和团。他说，他们做不出什么好事来。义和团现在竟敢在他路过后门的时候对他大声斥责。我禁不住想到荣禄应该是名副其实的，但是我不敢这样说。他是一个倔犟的人，是满族人中性格最爆烈的一个。

回到家里，我听说端亲王和庄亲王派军队包围了法国教堂，那里只有几个外国士兵防守，因此那些教士很容易被俘虏。

我的院子里到处都是义和团和甘军士兵。我的房子不再属于我。我能不憎恨给我带来麻烦的可诅咒的外国人么？同天，荣禄派人送来电报，说袁世凯正在联系两广总督、两江总督和湖广总督。

在6月22日的日记中，景善还抄录了礼亲王给他送来的一份抄件，是荣禄于6月21日写给各位总督的信：

……一个软弱之人竟敢以十或者更多民族为敌，其结果只能自取灭亡。我们与各国有约定，两国之间交战，应该对其使节待之以礼。而祖先遗留下来的这些规矩正毁于一旦。尽管我竭尽全力阐明其危险性，但我的辛劳白费。我有病而且脚跛，但是自从我离开以后，我连上七道奏折抨击这些义和团。看到这一切毫无结果，我现在不得不离开病床。如果可能的话，要清楚地向太后和圣上说明形势。而这也是白费，因为所有的亲王和各部大臣，在太后周围用一个声音向我大喊，这阁下你要相信。我不敢在这里引用太后陛下的话，但我可以说整个皇族都参加了义和团，至少三分之二的军队，不管满汉都加入了进去。他们蜂拥在京城的街道上，就像一场蝗灾，很难驱散。

昨天，我安排了在总理衙门与一个外国使团的会面，希望能为整个外国使团提供安全的行动，用我自己的军队把他们送到天津……这里的形势可谓失去了控制，但是只有希望阁下采取尽可能的措施保护各省的安全。让我们各自竭尽自己的最大努力，并让我们保守秘密。

荣禄含泪书

卸磨杀驴

最后，我们怎么来总结义和团呢？以结局来论，那叫一个凄惨。慈禧对义和团的"控制性使用"没有控制好，让她及其皇室落荒而逃，在亡命西安的途中，后悔不迭的老太婆就下令各地官兵，剿灭义和团。[1] 这实际就是卸磨杀驴了，用完了，或用着不顺手，或用着感到碍事了，就一举灭掉拉倒。

外国人，尤其是英美人，他们奉行贸易主义。其他国家，打仗各有所图，

---

[1] 1900年9月7日，清政府在慈禧授意下发布命令，铲除义和团。命令说："此案初起，义和团实为肇祸之由，今欲拔本塞源，非痛加铲除不可。"

但没有谁愿意把事搞大。他们清楚，清国军队虽然不堪一击，义和团也算不得什么，毕竟这是在人家的地盘上，你的船再坚，炮再利，打持久战，早晚一个输。所以，八国联军也想尽早结束混乱的局面。当慈禧下令剿灭义和团的时候，正合八国联军之意。而且，他们也一直敦促清政府这么做。清剿义和团的命令虽然姗姗来迟，但还是得到八国联军的积极支持与响应。于是，清政府与八国联军共同对义和团展开了剿灭行动。我说义和团的结局凄惨，就在这里。他们被清政府利用，最后又被清政府抛弃，直至被清政府出卖，被清政府联合外国军队剿灭。

义和团成为慈禧的替罪羊，那是草根，就该倒霉的。可你看看早前的曾国藩、曾国荃兄弟，在太平天国被灭后，不也被慈禧卸磨杀驴（即明升暗降或免职）了吗？你再看看李鸿章，那可是专制集团的大员呀，临了又如何呢？甲午战争的时候，他被迫到日本去签订《马关条约》，结果专制集团的流氓们一致骂他卖国。李鸿章只是慈禧的高级奴才，慈禧不指示卖国，他哪有权力、哪有胆量去卖国呀。可流氓集团就认定他卖国了，你有什么办法？

拳乱结束，李鸿章又与八国联军签订了屈辱的《辛丑条约》，他再次成为执政集团人人诅咒、人人痛批的卖国贼。李鸿章真倒霉呀，他带着慈禧的指令，两度去卖国，挨骂的却是他。专制集团内部尚且如此龌龊，老百姓又能如何？

最是仓皇辞庙日

离京前的一幕悲剧

在前面的叙述中，凡是涉及大清皇室西逃的文字，全都避开了。我目的很单纯，就是在这一节集中笔墨，来写写大清皇室的逃亡和他们在西安的生活，以及他们回京途中的一些事。

1900 年 8 月 14 日，八国联军先是炮击京城，然后在几乎没有什么抵抗的情况下进入北京。次日凌晨三点，慈禧起床，穿上早已准备好的村妇服，准备离开北京。据景善日记中记载，慈禧所穿，乃汉人妇女的衣服。可见慈禧逃亡时，是经过一番乔装打扮的。

就在大家乱哄哄地准备离开北京时，珍妃再次站了出来，向慈禧表达自己的观点。她第一次表达自己的政治见解，是在戊戌政变的时候，她跪在慈禧面前，恳求不要惩处皇帝。还说，皇帝毕竟是合法的皇帝，不能说废就废，说贬就贬。慈禧听了，怒不可遏："快把这可恶的东西给我弄走！"几个太监蜂拥而上，就把珍妃拖了出去。慈禧随即下令，将珍妃囚禁在一个隐秘的地方，直至这次西逃，才被放出。

珍妃不失满族人的强悍性格，她刚被放出，又开始挑战慈禧了，她说皇帝应该留在京城，与黎庶同在。这再次触怒了慈禧，老太婆决定把这个眼中钉肉中刺从地球上抹去，于是厉声呵斥道："把这贱奴才扔到井里去！"一旁的载湉闻听，如雷轰顶，他赶紧下跪求情，希望慈禧手下留情。然慈禧面无人色，怒火万丈。李连英、崔玉贵等太监不敢怠慢，只得执行命令，众目睽睽之下，把珍妃拖到宁寿宫外的大井前，一个倒栽葱，只听"嘭"的一声，一个鲜活的生命就这样陨落了。

珍妃只因一句进谏的话，命都搭了进去。这什么时候呀，兵荒马乱的，慈禧还有心思杀自家人。杀一个珍妃，对慈禧而言，比踩死一只蚂蚁还容易，可对载湉呢？珍妃那可是他唯一的红颜知己呀！刻下的大清皇帝，显得多么懦弱，他无能得连自己的妃子都保护不了。载湉难以力挽狂澜，他只有气得浑身哆嗦的份儿。可慈禧依旧怒气不消，遂对载湉吼道："还不快随我去拜别祠庙，傻愣着干什么？"

于是，一行人脚步杂乱地去了宫里的祠庙，一顿胡乱跪拜后，又乱哄哄地回到坐车的地方。行色匆匆的皇室逃难者，一个个如地狱鬼卒，在黑黢黢的宫里奔来窜去。那天凌晨，慈禧脚上的鞋或许太大的缘故，或许那根本就不是她的鞋，总是一步一拖，一拖一掉，令老太婆心情十分沮丧。

过一道坎儿的时候，慈禧的一只鞋掉了，一个手疾眼快的宫眷赶紧把鞋捡起来，送到慈禧手里。那宫眷的意思，无非讨好慈禧，趁机拍马。不料这下拍在了马蹄子上，慈禧接过鞋来，随即就拿鞋底猛抽了一下那宫眷的脸。然后什么也没说，穿上鞋，带着大家继续前行。

宫里到处都黑灯瞎火的，刚刚那突如其来的一幕，几乎没有人看清就过去了。慈禧既愤怒又低调，是不愿让人看到她逃跑时的狼狈相。那宫眷捡鞋给慈禧，等于看到了慈禧最不愿示人的那一面，所以才震怒。

很快，慈禧一行来到车前，她把一股怒气又撒在了载湉身上："你还跪着干什么？快上你的车，走人！记着把帘子放下，免得给人看见。"上穿蓝纱长袍，下着蓝布裤子的载湉，赶紧从地上爬起来，上了自己的骡车。皇室成员在两千多清军的护卫下，就这样仓皇逃出北京城。晚八点，他们到达颐和园，并在那里休整待发。

屁滚尿流的大清皇室

1900 年 8 月 16 日，慈禧一行人狼狈上路。因为行色匆匆，什么都没来得及带。一路狂奔到怀来，才算得到补给。这时，一些京城官员也闻风跟来，聚集到慈禧周围。逃难的队伍，越来越大。

皇室出走的消息不胫而走，但怀来的百姓见到慈禧等，不以为真。这是因为，皇室成员大都穿着汉人衣服。自大清建立以来，满族人何时穿过汉人衣服？就是汉族男人脑瓜后的那根辫子，不也是满族人逼着留出来的吗？幸好只是易发没易服，倘若连汉人的衣服也一并改成了满族人的，今天的满族皇室出逃，还有什么可以乔装打扮的？所以，怀来的百姓才一时没认出满族皇室成员，甚至有人认为这支逃难的队伍是假冒的，是用来迷惑八国联军的。但有一人，宁信其真，也不愿事后被追究，他就是怀来知县吴永。这位知县听说后，来不及穿上官服，第一时间就跑来跪接圣驾，慈禧阴暗的心情大为好转。当时围观的百姓很多，吴永驱逐时，被慈禧制止："不要这样，他们愿意围着就围着吧，看到这么多朴实的乡民，我心里很高兴。"

很快，吴永端来燕窝和鱼翅（在宫里，慈禧特爱这一口）。慈禧出行三天，饮食一直粗陋不堪，到这里才算吃上一口精美的饭食。除此之外，吴永还为慈禧和皇帝、皇太子等送来衣物。就在怀来，军机大臣王文韶赶上西逃的队伍，慈禧甚感欣慰。王文韶在给友人的信中，叙述了他们西逃时的一些情景。下面是王文韶的记述（文字略有修饰）：

> 出京三日，均睡火炕，无被褥，无替换衣服，亦无饭吃，以小米粥充饥。到怀来宣化，始由地方官络绎进奉，稍觉舒服。此次妃嫔及宫女等均未带出（因此，很多嫔妃、宫女不忍八国联军的侮辱而自尽——魏得胜评注），太监亦不多，诸王贝勒等随者亦不多，其余一概未来。所有随行者，不过端王、庆王等；各部院司员共

十一二人；八旗军千余人，杂牌军千余人。各兵到一处，空一处。
沿途居民铺户，均被溃兵以随驾为名抢劫，室室皆空（我之谓曰蝗
虫集团是也——魏得胜评注）。及圣驾驻跸之时，万骑千乘，强取
强买，更不堪寓目。[1]

　　庞大的"蝗虫集团"由怀来至宣化府，途中走了三天，宣化停留了四天，
之后预备向山西进发。当"蝗虫集团"逃至愁卫的时候，那里的地方官员早
已逃之夭夭，官府衙门也已经失之于火，独独剩下两间潮湿的小屋，到处是
荒凉、破落的景象。这也没有办法，天黑了，只得在此住下。仅有的两间弥
漫着臭味的小屋，成了唯一遮风挡雨处，慈禧住一间，皇帝和皇后住一间，
随员则只能露宿在院子里。食物也成了问题，只有粗面做成的饽饽。这也不
是人人可以向往的，除了慈禧、皇帝和皇后外，其他人，情况好的塞塞牙缝，
情况坏的，就只有饿肚子。忍不住了，用树皮和野草充饥，在所难免。8 月
正是酷暑季节，夜里蚊子很多，慈禧被骚扰得难以入睡。她对陪着的随员说：
"不料老了老了，还遭此一劫，以至于到此地步，实在是愧痛难当。不过想
想唐玄宗遭安史之乱，他不也蒙尘于外吗？这真是世事难料啊。"

　　1900 年 8 月 27 日，慈禧等到达山西境内的天镇县。知县是个承受能力
很差的满族人，他听说京师陷落后，不等洋人来要他的命，就先自杀归天了。
知县一死，城中秩序大乱。慈禧到来，可谓无着无落，这令她极度失落和生
气。还好，岑春煊很快赶来接驾。慈禧听说岑春煊来了，她撩起轿帘问道：
"你知道我们在北京的事吗？"岑春煊谨慎地回答道："不大清楚。"慈禧
的情绪突然失控，她恶狠狠地指着李连英说："都是他们做的，害我们到此
地步。"一旁的李连英被慈禧这劈头盖脸的一句震慑了，他赶紧伸头低眉，
一语不发，完全一副挨剐相。这会儿，恐怕"老头子说的都是错的"了。到
西安后，李连英在荣禄的帮助下，重新获得慈禧的宠信，当时各省进贡给慈
禧的五百多万两银子，就由李连英负责保管。看来，慈禧还是离不开李连英

---

[1] 濮兰德、贝克豪：《慈禧统治下的大清帝国》，天津人民出版社，2008 年版，
第 220—222 页。

这个"老伴"。这都是后话，搁下不提。

逃难队伍过雁门关时，慈禧下令暂停，她说："雁门关的风景，不禁让我想起热河。多美的大好河山呀！"后又无耻地对身边的载漪说："如果不去讨论西巡的艰难，这次出京，能游览大千世界，看到这么多美景，倒也不失一乐也。"载漪的回答也很是莫名其妙："人快乐时，自然如此。"大概他不知道怎么回答才好，才如此模棱两可。

就在慈禧兴致百倍地欣赏雁门关风景时，岑春煊送来一束鲜艳无比的黄花，这可把慈禧乐坏了。我们前面说她爱权、爱钱，其实还忘了一样，慈禧还特别爱鲜花。颐和园里，就种了很多花，有太监们侍弄的，还有她自己侍弄的。谁若把花伺候坏了，都少不了挨顿鞭子。而且，慈禧之爱花，到了大俗的地步，她每天早晨，都要在自己的鬓髻上，插上一朵鲜花。然后，顶着那朵鲜花去办公，与她的文武大臣们研究当天或未来的工作。那个滋润的时光，那个充满鲜花的时光，已离她远去。如今，岑春煊突然送上一束鲜花，她能不高兴吗？这一高兴，慈禧就赏赐了岑春煊一杯奶茶。在兵荒马乱的逃亡路上，一束鲜花、一杯奶茶，调剂了雁门关的气氛，让老太婆和他的随员们，在这里暂且忘却了国破家亡的伤痛。

逃亡的皇室，一路走，一路有地方官员赠送轿子。到了忻州地面，地方官进呈了三乘黄轿。至此，皇家的轿子才算全部备齐。再走，逃亡的队伍抵达太原，有趣的一幕就在此上演。还记得谁在山西当省长吗？是毓贤呀。他在山东当省长的时候，招安了义和团。后来，因为洋人抗议，慈禧把他免了职。再后来，慈禧反悔，又把毓贤调到山西来任省长。这当下，慈禧一行大老远的由北京跑到山西来，为什么？根儿就在毓贤呀，就是他招安义和团，向慈禧推荐义和团。如今怎么样，义和团惹恼了外国人，八国联军打进北京，慈禧一路屁滚尿流，逃至山西。这一切，慈禧绝不认为自己错了，就是后来向八国联军屈服，下罪己诏的时候，也是以皇帝载漪的名义下的。任何时候，她都不承认错。那么错的，就只有执行者、推荐者了。

毓贤知道慈禧快到了，他心中没底，不知会得到怎样的结果。他忐忑不安地、早早地来到城外，就那么一直跪着，等待慈禧的到来。他希望通过这样的诚意，打动慈禧。可慈禧的轿子一落地，她就没有好声气地对身边的李连英说："叫毓贤近前说话！"毓贤跪着挪到慈禧面前，低头一语不发。慈禧对毓贤说："去年你向我汇报工作时，大谈义和团如何之可靠。可惜你错了，北京今已破矣……"毓贤哆嗦着，接连叩头九次，请慈禧宽恕他。慈禧叹息一声，便命令轿夫进城。对这个毓贤，如今她是多一眼都懒得看了。

几天后，荣禄由北京赶来，这让慈禧倍感欣慰。然而，荣禄也给老太婆带来一个个悲惨的消息，圆明园如何遭劫，颐和园如何遭劫，紫禁城又如何遭劫，等等等等，令慈禧大悲大恸。慈禧唉声叹气地问如何收拾残局，荣禄说："现在只有一条路可走，那就是必须处死端亲王，以及其他力挺义和团的王公大臣。再就是必须早日回京，以免夜长梦多。"慈禧只得下令，将毓贤及其他力挺义和团的官员，统统革职。随之，慈禧召见毓贤，说："兵荒马乱的，现如今这棺木的价格也贵了。"暗示他最好自杀，以免八国联军上门索命。不知毓贤是没有听懂慈禧的意思，还是他太过于贪生怕死，他最终没有去选择自尽。

9月30日，慈禧等离开太原，前往陕西。接下来的旅程，离战区越来越远，沿途供应越来越丰盛，旅途也就越来越快活了。许多善于钻营的官员，也纷纷加入快乐之旅。慈禧怕寂寞，所以乐见大家都跟着她走。

到西安后，慈禧把省府当作临时宫廷，普通的墙壁外，统统涂上了朱红色。宫墙之外，围了一圈栅栏，侍卫就在栏外把守。与此同时，各部亦草创建立起来，一个流亡的清帝国中央政府，在西安敲锣打鼓开张了。

因财政拮据，慈禧把各省进贡的物品和金银，一一都收藏起来。但她每天的膳食，仍费银二百两。慈禧的菜单由太监掌管，每日选择一百种上桌（这一标准，是北京时的十分之一）。慈禧喜欢喝牛奶，因此，又在宫廷附近养了六头奶牛，以供日用，此项每月费银二百两。

安顿下来以后，慈禧又回到在北京时的生活，看戏、游玩、打牌，一切娱乐，跟在京城完全一样。同时，还有几个太监在晚上负责为她按摩，让她随时保持良好的睡眠，以使老太婆在新的一天，能够有充沛的精力去收受各省的金银贡物，能够有充沛的精力去游山玩水、看戏打牌。至于北京的乱摊子，至于水深火热中的黎民百姓，那都不是她所关心的。

时有苏州官员，到西安去进贡，他回去后在给友人的信中，描述了他在西安的所见所闻，说："太后仍独揽大权，无论巨细，躬自裁夺。最信任者谓荣禄等。予见太后精力强健，虽寿已六十有余，而望去不过四十许人"。这说明，慈禧很放得开，不惧亡国。她所期望的，就是不管在哪里，她个人快活就行。不过，她也有放不下的地方，那地方不是国，而是她在北京的寝宫。刚到西安时，北京方面不断传来坏消息，诸如八国联军把她的宝座扔进了湖里，诸如有的士兵还在她的卧室里淫乱宫女，画淫乱的画等等。听到这些，老太婆的肺都要气炸了。这也常常使她坐卧不安，一心急于和八国联军达成和解，以便早日回京。

慈禧身边的太监们也没闲着。前文提到的那位怀来知县吴永，他后来随驾西逃，任粮台会办，掌握钱粮大权。吴永曾在《庚子西狩丛谈》中记述了他的一段亲身经历，他回忆说，逃亡大军到山西后，慈禧的排场越来越大，一切费用都要地方承担，太监们则趁机勒索钱财。如首领太监以及有点权力的小太监，都需要几两或十几两银子打发，才肯帮忙通融上下。但总管太监李连英就不同了，前来办事的人，没有个一百两左右的银子是绝对不行的。

清帝国执政集团上上下下、清宫里里外外，国难时尚且不误纸醉金迷、腐化堕落，你就可以想见他们在和平年代，又该是何等的不可救药。这样的国一日不亡，人民就一日不得安宁。

一抹残阳下山岗

义和团高层的结局

我们前面说过，慈禧在出逃的途中，就对军队下达了剿灭义和团的指令。义和团被灭了，那义和团的高层（被慈禧任命为义和团总指挥者，或朝中力挺义和团的大臣）怎么办？慈禧任命李鸿章等为代表，与八国联军进行谈判，外国人的条件是，义和团要灭，义和团高层也不能放过。这是件很头疼的事，但慈禧不予以果断处理，她回北京的路就难以打通。老太婆狠了狠心，终于出手了。这就是慈禧，该出手时就出手，这一点，她比梁山泊人可牛多了。

1901 年 2 月，慈禧下令：庄亲王载勋赐令自尽；毓贤正法；刚毅已死，追夺原官；甘肃提督董福祥等亦一一获罪。八国联军不为所动，他们认为清廷对端亲王载漪和辅国公载澜的处置太轻。一星期后，慈禧再次下令：载漪、载澜监禁候决，其后减为发配新疆，永不赦免；刚毅虽死，但仍要给予儒家文化中最重的刑罚，即开棺戮尸；赵舒翘、英年二人，则赐令自尽；军机大臣启秀和徐桐的一个儿子，在北京处决。与此同时，反对义和团并被处死的袁昶、许景澄等大臣，平反昭雪。

有意思的是赵舒翘这个人，慈禧很想保护他，可八国联军坚决不干。不知是慈禧策动的，还是赵舒翘本人真有那么多的民意支持，总之西安有数百人联名保他，而他本人也一万个不想死。可慈禧的胳膊拧不过八国联军的大腿，最终还是将赵舒翘赐死。赵舒翘心有不甘，便以拖待变，等来新生的机会。结果，死了若干回，遭了很多罪，都没能自尽成功。负责监刑的官员等得不耐烦了，就用厚纸浸于劣性酒中，然后塞入其喉管。一回没死，二回没死，赵舒翘的命真是太大了，前后连续折腾五回，监刑官才将其闷死。同样是死，何必这么遭罪而去呢？你看看人家张荫桓[1]，面对死刑的时候，就特别大丈夫。临刑前，张荫桓还画了两页扇面给他侄儿，画好了，振了振衣袖，走上刑场，然后对刽子手微微一笑："爽快些！"随之从容而去。这种死，同样不失体面与尊严。

回到正题，我们再说说庄亲王载勋之死。载勋与家人住在山西南部的蒲州官署里，钦差葛宝华奉旨而往。葛宝华到了以后，先与载勋见了个面，什么也没说，就面色凝重地走了。葛宝华的意思也很明显，就是看看庄亲王是不是老老实实待在家里等待圣旨。知道自己的目标没有跑，葛宝华就退出去查看房子，他见庄亲王的屋后有一座古庙，就走了进去，并在那里选择了一座空屋。一切准备就绪后，葛宝华命县府带兵在此弹压，他去见庄亲王载勋。

见了载勋，葛宝华依旧面色凝重，说："你跪下接旨吧。"对于一个亲王来说，这是很不客气的话了。然而，载勋并不急着跪下去，而是怀着忐忑之情问了一句："是要我的脑袋吗？"葛宝华手里有圣旨，就等于有了尚方宝剑，他不屑于回答罪臣的任何问题。见葛氏不答，载勋已经知道结局了，他只好跪下去接旨。听完赐死的诏书，载勋要求与家人诀别，葛宝华答应了。载勋的儿子得知一切后，早已是泣不成声。载勋的两个妾因恐惧而晕倒。当时，可谓是一片凄厉之声。载勋完全没有赵舒翘的那种婆婆妈妈，他推开家人，问葛宝华："在哪里死？"葛氏说："王爷愿意到背后的空屋里来吗？"载勋跟到那里，见房梁上已悬挂好了绳子，遂对葛氏说："钦差大人想得真周全呀，可赞。"说完，就自尽了。

下面是英年之死。这个胆小如鼠的人，在与家人告别的那一夜，大哭不

---

[1] 张荫桓曾出使美国、西班牙、秘鲁等国。戊戌年间，慈禧以"声名甚劣"为名，将其发往新疆。1900年，慈禧恨洋人，迁怒于西化了的张荫桓，下令将其就地正法。一年后，清政府与八国联军议和，外国人认为张荫桓死得冤枉，慈禧又为其平反。

止。随后，他被带到西安临时的刑部监狱。第二天，正值元旦，人人都忙着过年，没人去看他，他就终日以泪洗面。哭到半夜，戛然而止。天亮时，他的下人见他卧在地下，满脸污泥，已处于半死状态。这时，赐死的命令尚未下达，英年先就吓死了。可怜可叹。

毓贤之死，似应特别引起我们的关注，毕竟他是义和团的伯乐嘛。当力挺义和团的大臣，一个个被处死的时候，毓贤正带病行进在发配的路上。他一路走，一路哀叹自己命运的不济。他没有想到，还有比这更坏的，他还没到发配地呢，要他老命的圣旨就追来了。毓贤接罢圣旨，顿时面无人色，这与此前他在山西巡抚任上的凶狂表现，判若两人。上刑场时，毓贤已不能自立行走，只得由人搀扶。当天下午一点，毓贤身首异处。毓贤为官残酷，那是出了名的。但可以肯定的是，毓贤为官廉洁，死后贫无一钱，入殓时竟无一件新衣可穿。

最后说说启秀之死。启秀与徐承煜一同被杀于北京菜市口，时间为1901年2月的某一天早晨。启秀听完行刑的命令后，问："谁的命令？"刽子手回答说："圣旨来自西安。"启秀坦然道："是太后的旨意，不是洋人的意思，我死而无怨。"启秀真是个头号愚蠢的奴才，要你的老命，这不是洋人的意思，难道还是慈禧的意思不成？慈禧杀完这几个支持义和团的大臣，她回京的路也总算是铺平了。

顺带一说的是少年恶棍皇太子。慈禧急不可耐地要回北京，可八国联军说，你的屁股还没擦干净，怎么就跟没事人似的呢？八国联军所指，就是端亲王载漪，以及他的儿子、十五岁的皇储溥儁。所有的义和团高层官员都杀头了，可义和团的首领载漪，却仅仅得了个发配的处分。仅凭这一点，八国联军就不干。而载漪的儿子不废，将来成为皇帝，他们父子还会继续以外国人为敌。所以，这对父子，必须得到处理。这是八国联军的想法，慈禧怎么看呢？她同样恨透了皇太子这个少年恶棍。这么说吧，皇太子好像从来就不知道自己姓什么，在慈禧面前，连皇帝、李连英、王公大臣都奴颜婢膝，可他却无所畏惧。皇太子大约觉得老太婆年事已高，再也没有精力更换太子了，所以有恃无恐，常当面触怒老太婆。慈禧那个后悔哟，恨得牙根痒痒。既然连外国人都这么讨厌皇太子，算了，借这个机会把那个小畜生给废了吧，把回家的路铺得软软的，走着舒服。于是，太子被废。

史载这位十五岁的皇太子"与戏子流氓熟识，与侍奉慈禧之宫女有私。彼从不读书，所好者皆下流之事，形容粗暴，不堪入耳"。我们有理由相信，假如没有义和团的插曲，这位少年恶棍，就是将来的帝国之主。就他个人而言，他很不幸，赶上一个乱世，也就无福称帝。不仅如此，慈禧还剥夺了他的皇亲国戚的待遇，只给了他一个象征性的爵位，既没职，也没薪，一下子从贵为准皇帝的位置，跌落成一个彻头彻尾的穷人。在北京南城的污秽之地，经常可以看到大清帝国这位前太子的身影，他每每喝得烂醉如泥，浑身肮脏……

辛丑条约

慈禧要做的，已经做完。下面我们来看看谈判的情况，其中有回顾，也有进展。

1900 年 10 月，李鸿章抵达北京，与庆亲王奕劻会合，代表清政府与八国联军展开谈判。奕劻、李鸿章向八国联军道歉，请求他们停止军事行动，然而各国的反应极其冷淡。在这些国家中，他们各有盘算。俄志在掠取清国东北的土地（后面详述）；德、法、日、意志在瓜分清国领土；英、美则以商业为重，希望保持在华的贸易利益，同时对俄国的扩张保持高度警惕，并反对各国的领土要求。

年底，八国联军提出议和大纲，迫使清政府全盘接受。12 月 22 日，李鸿章从美国使馆抄得一份材料，立即电告军机处，转呈慈禧一阅。老太婆看后，发现八国联军没有将她列为拳乱的祸首，也没有要她归政载湉，如获大赦，喜笑颜开。慈禧当天就电复奕劻、李鸿章，说原则上同意议和大纲的内容，并授权两位谈判代表，要"量中华之物力，结与国之欢心"。慈禧什么意思呢？就是说，你们俩看着办吧，咱华夏有的，只要洋人喜欢，都尽量去满足。这也就意味着，慈禧为尽快地达成和议，尽快回到北京，她已全部接受了八国联军提出的条件。要论卖国，是慈禧卖国，与谈判代表无关。

1901 年 9 月 7 日，奕劻与李鸿章代表清政府，与十一国签订最终版本的《辛丑条约》。根据这个条约，八国联军除留一部分常驻京津、津榆两线的兵力外，其余全部撤回各自国内。条约则规定清政府，向各国赔款白银四亿五千万两，[1] 分三十九年付清，加上利息，共计九亿八千万两白银。赔款本金，恰是当时清国人口的总和，有人戏称，这等于每个清国人被罚一两银子。本金加利息，为当时清国年总收入的十二倍。很夸张，但慈禧不觉得，再多的钱，也就是毛毛雨啦。横竖不用慈禧本人出一个钢镚，她有什么好难过的。

当八国联军从天津正向北京挺进途中，俄国突然出动大军向清帝国东北三省发动大规模的入侵，镇守黑龙江的将军寿山兵败自杀。俄军长驱直入，一连占领哈尔滨、沈阳，直抵长城的起点山海关。仅七十天，俄国便攫取清帝国领土一百一十余万平方公里。

---

[1] 这一赔款，史称"庚子赔款"。后来，美国向清政府退款约一千万两白银，用于清国向美国派遣公费留学生。清华大学的建立，也得益于美国的这笔退款。英国后来也退还了部分赔款。

蝗虫集团在路上

《辛丑条约》签订后，慈禧一刻都坐不住了，她想急于回到北京。当听说她藏在北京宫中的宝物，没有被联军掠取时，她回京的心情就更加迫切了，她生怕太监们窃取这些宝物。慈禧老太婆一生最爱两样，一是至高无上的权力，一是金银财宝。当年，她发动宫廷政变，把顾命大臣干掉，肃顺的财产被没收后，悉数流进她自己的宝库里，使她一夜暴富。这与"和珅跌倒，嘉靖吃饱"，如出一辙。慈禧牵挂在北京的宝物，也不忘把各省所进献的贡物一一带上。

十六个月前，慈禧自北京出走时，身无一物。如今，她自西安回，仅所载箱笼的车马，就高达三千多辆，车队前后绵延八百里。如此出逃，真是无本万利的大买卖。为了使这些金银财宝如数运回北京，行前，慈禧亲自监督工作人员打点行装，生怕有任何遗漏。即便在路上，慈禧同样事必躬亲，每一站点，必对随行箱笼加以清点。事无巨细，令人咋舌。

1901年10月20日，回京的长队踏上归途。一路上，慈禧照样是每顿摆席数百桌，而每过州县所临时搭设的厨棚，每每长达半条街。其后的行程见闻，通过伦敦《泰晤士报》（1902年3月）的报道，更是让我们大开眼界（文字上，我略加编辑，以使通顺入情）：

1901年12月31日早，全官到正定府，有一大马队护送，随从官员极多。车有三千多乘，太监约共三百人……全宫住在正定府三日，其杂乱之情形，非笔墨所能述。每屋隅皆堆以箱笼等物件，太监仆从坐而围之。天气极冷，寒暑表在冰点两度以下，旅行之人，冷极而叹，至于流涕。中下级官员，不得宿处，不得已于车站左近，寻一栖身处，以度数日。

1902 年 1 月 3 日，上面宣布启程，数千人如释重负，欢欣鼓舞。每一王公，其驺从自三十至一百人不等，皆行于北方冻裂不平之路，装货之车，川流不息，呻吟轧轧于冬季短日之中。但慈禧、皇帝、嫔妃、总管太监等，则所行之路不同。由西安起，沿路皆以发光之泥铺平，极其软绵，步行无声。不独无一石子，且皇驾到时，另有一班平道之夫，以毛帚刷地，令其更细而平。每隔十英里，有一极佳休息处，皆先预备无缺。据一承办此事者言，铺路之费，每八码约需墨洋五十元，只一英里需一千镑也，盖其泥有取于极远之地者。清国道路，平时本极污秽，此则不过为其临时滥费之一端而已。

……特别列车，已由此国铁路公司盛宣怀预备停妥（慈禧之卧榻，盛宣怀为其备有鸦片烟具。可见慈禧老太婆跟他丈夫奕譞一样，也在吸毒犯之列——魏得胜评注），定于九点半开行。皇后嫔妃等早七点到车站，皇帝亦先慈禧而到，及慈禧到时，皇帝率领余人跪接。袁世凯之兵，约一千人，为慈禧卫队。[1] 慈禧、皇上之车，皆以华丽新奇之黄缎装饰，各有宝座、睡榻、军机厅等。车行时，慈禧之车，恒为聚会之处。六时，慈禧已到保定车站。霜气极重，沙土飞扬，兵执炬以导舆夫，盖其时天尚未亮也。慈禧第一次坐火车，极为满意。

1902 年 1 月 6 日，宫廷乘特别火车抵达近京南部的一个车站，当时那里设有极大的棚子在站旁，另准备一个地方招待外国人。接待慈禧用的临时

---

[1] 此时的袁世凯为直隶总督。

棚子，里面装饰极其华美，有金漆宝座，有祭坛用品，以及各种贵重的瓷器。

　　远远望去，三十余节车厢缓缓靠近车站。京城数百高官从一车窗中看见慈禧后，齐刷刷跪倒在冰冷的地上。内务府大臣继禄，嚷嚷着让外国人赶快脱帽致意。列车停稳了，第一个下来的是李连英，他看了一眼跪在地上的高官，油然而生的尊严感，让他心情特爽。随之，他去检点堆积如山的箱包。接着，皇帝也下来了，他紧张而恐惧地看了看身后的慈禧，赶忙上轿，匆匆而去。慈禧下车后，她仿佛没有看见跪在冰冷土地上的百官，倒是向那些脱帽致意的外国人招了招手。庆亲王赶忙跑过来请安，王文韶紧随其后（王氏是继李鸿章之后的议和全权大臣）。他们二人请慈禧上轿，慈禧说："不忙。"她一直在站台上站着，鹤立鸡群，精神矍铄。她与人说话的当儿，李连英过来了，他把行李清单呈上，请慈禧过目。她看了看，很满意地还给李连英。视财如命的老太婆，这才放心上轿，前呼后应地消失在站台。

　　慈禧回到宁寿宫的第一事，就是让太监赶快把她藏的宝物找出来。结果都在，然后，她抑制不住兴奋地说："到家了，到家了。"

第五章
落叶秋风扫

　　大清帝国的独裁者慈禧，已临近她的最后岁月。时人恨不得她早死快死，那只是一种心情，让人老觉得，慈禧老不死。无论什么人，总有一死，死也只是一个时间问题。你只要稍稍有一点耐心，就会看到，时间老人，会把一切独裁者带进坟墓；历史老人，会把一切独裁者扫进垃圾堆。

春暖花开心未开

　　慈禧回来了，她为自己的金银财宝没有被打劫而兴奋不已。然而，她的这种兴奋没有维持多久，就蔫了下去。她的一个个乐园、宫殿，乃至整个北京城，那真是满目疮痍，惨不忍睹。过惯太平盛世的老太婆，哪里受得了这个。所以，整个冬天，颐和园里的老太婆，每天都在暴怒中度过。一直到春夏，慈禧依旧是花开心未开。那些过往的旧事，她跟身边的宫眷们不知唠叨了多少回，可她还是不厌其烦，一遍又一遍，没完没了。这一天，她在船上游玩的时候，又开始唠叨了起来，她不容插嘴，也没人敢插嘴。慈禧的唠叨，想到哪儿，就从哪儿说起。至于扯到哪里为止，也全凭她高兴。这些迹象表明，老太婆真的老了。她说：

　　我知道我们这里有许多人家，被外国传教士弄得家破人亡；这些传教士，专门勾引青年人去信他们的宗教。现在我要告诉你们：为什么我不喜欢见外国使节夫人，一见她们我为什么会感到不安？就因为我们是礼仪之邦，不好意思当面拒绝人家的任何要求。你们是不知道，这些外国人，总喜欢干涉人家的内政，动辄就要求大清国宗教自由。咱们宗教不自由吗？笑话，我是老佛爷我还敬佛呢，这自由外国人有吗？（慈禧说到这里，笑了起来，其余的宫眷也都跟着一起傻笑。）

　　我知道你们一定要笑的。我也知道，不是所有的使节夫人都令我不安，比如美国的康格夫人就是个好人；美国和清国的交情也不差，庚子年的时候，美国人就没在官中乱来，这很让我感动。不过，总不能因为这个，就叫我相信他们的宗教。（**宫眷们点头如捣蒜，认为老太婆说的准没错。**）

　　当年，康有为就想叫皇帝入教。不过，只要我活着，他们就休想。我也承认在有些地方，像海军和机器什么的，外国的是比我们强。可是要说到文明，还就得说我们清国第一等。

　　我知道有许多人说，朝廷和义和团是串通的，其实并不是。我们一知道乱事发生，马上就派兵镇压，可是已经来不及了。我那时候决心不离开皇宫。我已经是一个老妇人了，死活早不放在心上，但是端王和澜公劝我马上走。他们还要叫我假扮了别人出去，我大怒，坚决拒绝了他们。后来，我回到官里，有人告诉我，外面传说我出走的时候，穿了官中一个老仆的衣服，坐了一辆破骡车，而那老仆却穿了我的衣服，坐在我的轿子里。我不知道这些故事是谁编出来的。自然人家一听就会相信，并且很快就会传到外国去的。（**这些故事，宫眷们不知听了多少回了，但却一如既往地像头一回倾听一样，聚精会神，张大嘴巴，做出吃惊状，是以博得慈禧欢心。**）

　　再说到义和团运动的时候，我是多么苦啊，官里的人没有一个愿意跟我走。有些在我还没有决定走的时候，就逃得无影无踪了，有的虽然不走，却不做事情，站在旁边冷眼看着。我下了决心，问问有多少人愿意跟我走，我说：你们愿意同去的就跟我去，不愿意同去的就离开我好了。出乎我意料，来听我说话的人极少，只有十七个太监、两个老妈子和一个宫女，那就是小珠。只有这些人说，不管怎样他们总跟着我。我一共有三千个太监，可是他们都跑了，我要查点都来不及。有些还要当面对我无礼，把我贵重的花瓶跌在石板上打碎了。（**慈禧每每唠叨到这里，宫眷们就愤愤地来一句："这些该死的！"慈禧有时还劝她们："不必为这些小人伤心，我**

都不伤心了。"）

他们知道我没有时间去责罚他们，因为情况非常紧急，我们马上就要动身了。我祷告祖宗在天之灵保佑我。每个人都和我一同跪下祷告，和我同走的唯一的亲属就是皇后。有一个近亲平时我待她极好，她要求什么，我总答应她，这次居然也不愿意和我一同出走。我知道她为什么不肯同去，她想一定有外国兵进来把我们一起捉住杀掉。

皇帝和皇后都乘骡车。我一路上祷告，求祖宗保佑，皇帝却口都不开。有一天，忽然下起大雨来，几个轿夫逃了，有几匹骡子死了。五个小太监还不识趣，去和县官闹着要这样那样的。县官跪在地上向他们恳求，说一切都照办。我听到了大怒，我们在这种情形之下，自该知足，怎么可以苛求。于是我责罚了那几个太监，他们竟跑了。大约费了一个多月光景，我们到了西安。我不能形容那时候的苦楚，一面还担忧着，所以我一连病了三个月。这是我一生中永远不会忘记的。（宫眷们点头如捣蒜。）

光绪二十八年初，我们回到北京，当我看到宫中这一番景况，又是一番伤心。一切都变了！许多名贵的器皿不是被偷了，便是被毁了。西苑[1]里的宝物完全被一扫而空。我那天天礼拜用的白玉观音，也不知被谁砍断了手指。有些外国兵还坐在我宝座上照了相。想起这些，我的觉都睡不着。

慈禧唠叨完，总有一个领头的宫眷代表大家大拍马屁，那套说辞早成既定模式："这也就是老佛爷您，这么大的事，搁别人身上，早扛不住了。"慈禧最爱听这话，她一高兴，就会招呼大家："上岸上岸，到山上吃东西去。"大家早就饥肠辘辘了，于是纷纷上岸、爬山，不亦乐乎。

---

[1] 西苑即今之中南海。中南海是中海和南海的统称。南海有瀛台半岛，岛上主要建筑有勤政殿、翔鸾阁、涵元殿、蓬莱阁、丰泽园等。这里为帝王处理朝政的场所，戊戌政变后，载湉皇帝被囚禁于此。

海归宫女领风骚

宫里来了个准洋妞

转过年去，就到了 1903 年。西逃的事、八国联军的事，渐渐淡去。慈禧内心深处的伤痛，正逐步得到疗治，她的心态一天好似一天。这个时候的慈禧，已不再排外。相反，她又开始媚外了。她从西安回来的时候，在车站上，一眼没看跪了一地的清国高官，倒是非常热情地向接站的外国使节们挥了挥手。还有一个情节，我一直没有写，就是慈禧返京途中，无论在省外，还是在北京城内，所见外国人，她一律十分友好地招手致意。这让一些高官心里十分不得劲儿，认为以老佛爷这样至高无上的地位，见外国人就招手，有失大清帝国的尊严。不过，这意见，谁也不敢跟慈禧提，弄不好是要杀头的。慈禧顺着自己的性子，也是爱屋及乌，就想到了海外的满族人。恰好，大清帝国的驻法大使裕庚任满，带着全家回国，那就叫他的家眷进宫服务吧。

满族人规定，官员的子女到了十四岁就得进宫服役，女孩子做宫女，或被选做宫妃之类；男孩子则做些基本劳动。不同的是，女孩子进宫后，很不容易出得去，而男孩子只需服役两年即可出宫谋差。况且，男孩子在服役期间，晚上是不住在宫里的。皇宫对于他们来说，只是一个上班的地方。裕庚的儿子勋龄就曾在宫里服役，做电工。

慈禧安排在阳春三月第一天,接见裕庚太太和他的一双女儿德龄与容龄。这时,裕庚一家及仆从五十多人住在北京城里,慈禧则住在颐和园,之间的距离不算短,而通行的唯一工具就是轿子。负责安排接见的庆王,希望她们母女于当日早晨六点前到达颐和园。关于穿什么衣服去拜见慈禧,令这家母女颇费周折。穿满族人自己的衣服吧,她们在国外多年,所穿全是洋服,身边没有一件满族服饰。所以,只好穿洋服。洋装虽然穿在身,裕庚一家依旧是清国心。想好了,她们母女三人当天凌晨两点多,就开始忙着打扮了,裕庚太太穿的是淡紫镶边儿的海绿色长袍,黑绒大帽上插着雪白的长羽毛。两个女儿穿的是红袍,鲜艳的红帽上,同样插着美丽的羽毛,一个个如昭君出塞。准备完毕,凌晨三点的时候,她们就披着夜幕,乘轿出发了。慈禧当年出逃,选的也是这么个时辰。

路程很远,也很艰苦。三乘轿子,二十四个轿夫轮班倒。每乘轿子还配备了以下人员:轿前有一个领班轿夫引路;轿后有两个侍从;轿侧有一个骑士护卫。每乘轿子后面还跟着一辆骡车,轿夫轮流休息时乘坐。你也许说了,这不是多此一举吗?都坐骡车多省事。那可不一样,坐轿是身份的象征,骡车只有轿夫之流乘坐。然而,坐轿子却也是一件十分艰辛、遭罪的事情,因为你坐在里面,必须笔直而静静地坐着。否则,轿子就会翻倒。长途旅行下来,坐轿子的人,往往会感到极度疲倦。

骡车与轿子所体现出来的尊卑,使我想起乾隆年间的一件事,英国人送给清政府一辆很先进的马车,希望能借此打开这种车辆在清帝国的销路。清政府一个官员很高兴,于是赶忙爬上高高在上的那个座位。英国商人对那位官员说:“大人,你坐错了位置,那是车夫坐的。”车夫坐了上去,官员坐到了后面的客座上。这一来,那位官员立时恼怒起来:“车夫怎么可以坐到我的前面,而且他的屁股正好对着我的脸。”就此,英国商人推销马车的计划泡汤。言归正传。裕庚的家眷一行四十五人,从城里向城外赶去。夜幕下,唯有轿夫的喝道声和马蹄的嘚嘚声,除外,到处是一片死寂。当一道淡红色的光芒喷出地平线的时候,远足者们渐渐接近目的地。不久,就到了颐和园。

两个四等太监带着十个小太监前来迎接，他们把慈禧所赐的黄丝帘挂在轿上，然后，轿子里的人才可以走出来。据说这是一种莫大的待遇，尊荣之至。裕庚太太和德龄、容龄，被领进一个铺着瓷砖的大院子，花台与古松错落有致，松树上还挂了不少鸟笼。这让人联想到慈禧钟爱的一个放生游戏，每逢她生日，宫里的人须每人买一百只不同的鸟送给她，她同时以自己的私房钱，买鸟一万只放生。寿诞那天，大殿上挂满各种巨大的鸟笼，里面满是鸟儿。下午四时，慈禧率领全宫人员到山顶的一个庙上，先烧檀香木祷告，后每个太监拿着一只鸟笼跪在慈禧面前，她一一开启，祝告所放之鸟，不复为人所捕捉，神气很是严肃。最大的笑话是，慈禧刚放了的鸟儿，山后早已有太监等在那里，张网捕鸟，拿来卖钱。这样的小事，一笑而已。

裕庚太太和女儿由院子而屋内，坐在那里等候懿旨。透过挂丝的窗子可以看到，院子里大大小小的官员，穿着礼服往来如梭，却不见他们有所为。以瞎跑制造出大事在身的假象，或许正是他们分内的事。专制社会大大小小的机构，全都这样。

裕庚的家眷坐了不到五分钟，一个穿得很华丽的太监进来说："太后有谕：请裕太太和小姐们到东边宫里等候。"于是，她们又被引到另一个院子里的另一间屋内。这里尽显华丽，雕花的桌椅，覆以蓝光缎子；四壁饰以绸缎，温暖而不失清新；屋内摆放了十多架式样不同的挂钟。可见，这是一间典型的中西结合的屋子。

不久，两个年轻的宫女进来说，太后正在打扮，叫她们稍等片刻。你知道这个片刻是多久吗？整整三个半小时！换言之，坐在那里一等再等的，总是等而下之的人。在慈禧眼里，连皇帝都属于等而下之的人，裕庚的家眷就更不用说了。不过，裕庚的家眷比皇帝的待遇可好多了，他们坐等的时候，不断有人送来慈禧所赐的牛奶，以及口味不同的食品，甚至是金戒指、玉戒指。

终于可以被接见了，裕庚的家眷起身前往，在太监的导引下，经过了三个与前相仿的庭院后，他们来到一个雄伟华丽的大殿。廊檐上挂着牛角灯，灯上有红丝罩，罩下拖着红穗，穗下坠着美玉。正殿两旁，有两间小屋，全然雕刻而出，檐下亦挂着华贵的灯笼。

隆裕皇后在正殿门口迎接，她微笑着与裕庚的家眷一一握手，礼节完全是欧美式的，态度自然，不失皇家典范。皇后说："太后叫我来接你们。"接着，就从殿里传出一声刺耳的喊叫，那声音与皇后的温文尔雅，形成鲜明对比："告诉她们立刻进来！"那显然是强权的、命令式的，口气压倒一切，令人生畏。那喊叫的人，正是大清国的主宰慈禧。裕庚的家眷听了，个个心惊胆寒，不知后面会发生什么，但也只好硬着头皮，跟着皇后进去。

慈禧装扮所花的时间，并不比一个京剧演员用得少。慈禧一生，爱权爱钱爱鲜花，也相当爱穿着。这个女人，热爱生活的程度，不亚于任何人，凡是人世间一切美好的东西，她几乎就没有不爱的。普通人如此热爱生活，恐怕处处都有失落感，而慈禧几乎就是爱什么，就能获得什么。怪不得人人都想做皇帝，做专制国家的一把手，却原来这个位置上的人可以肆无忌惮地热爱生活呀。

闲话少叙，我们来看看慈禧的装扮。经过几个小时的打扮，慈禧出现在裕庚家眷面前时，给人的感觉，雍容华贵里掺杂了几许暴发户的因子。从头说吧，慈禧的冕上，最扎眼的是琳琅满目的珠宝。在冕的两旁，各有珠花点缀，左边有一串珠络，中央有一只特等美玉制成的凤。慈禧冕上堆砌的这些玩意，不知是大清帝国富足的象征，还是代表了慈禧暴发户的心态。总之，恶俗得很。往下看，慈禧穿一身黄缎袍，上面绣满了大朵大朵的红牡丹（此乃大俗）。绣袍外面是一个渔网形的披肩，由三千五百粒珍珠做成（此乃大恶），大小粒粒如鸟卵，边缘且镶以美玉璎珞。此外，慈禧还戴着两副珠镯、一副玉镯和几只宝石戒指（俗不可耐、恶不可耐）。在其右手的中指和小指上，戴着三英寸长的金护指，左手两个指头上戴着同样长的玉护指。鞋上也有珠络，中间镶着各色的宝石。

看完了上面这段文字，你有没有觉得，慈禧是中国历史上（而不仅仅局限在清王朝）最最暴发的一户呢？在我看来，何止是，就是世界史上，也不多见。

裕庚太太和德龄、容龄一进去，慈禧惊喜有加，她站起来，一边和母女三人握手，一边说："啊，原来是三位拖着长尾巴的仙女！你们走路的时候，手里提着裙子，不是很累吗？这种礼服的确好看，但是我总不喜欢那尾巴。不过我得承认，我还没有看到过一个外国女子穿得像你们这样漂亮，我相信外国人都不如清国人富，他们戴着极少的珠宝。人家告诉我，世界上没有一个皇帝有像我这么多的珠宝，虽然这样我还在随时增添我的珠宝。"

接见的话题从服饰开始，大家都显得很轻松。说话间，慈禧觉得裕庚的两个女儿特别可爱，她尤喜其大女儿德龄，于是就决定把她们全留下，在宫里服务。这是每个满族人的义务，裕庚太太及其两个女儿，愉快地答应了。随即，她们母女三人被安排在颐和园里住了下来。

太后起床

次日，裕庚太太及其两个女儿，开始了她们的见习工作。她们一大早穿戴好，赶紧跑到宫里，却发现皇后早已坐在走廊里了。伺候慈禧的人，必须在早晨五点钟起床，迟到是要受罚的。皇后对裕庚太太母女三人说："我们现在须马上到太后寝室去，帮太后穿衣服。记着，见了太后就说'老祖宗吉祥'。"

慈禧的起居习惯是和衣而睡，每晚换上一套干净的衣服睡下，次日起床时，直接穿外面的衣服。说起来很复杂，首先是穿上她的白线袜，用漂亮的丝带系住。然后穿上一件粉红色的柔软的汗衫，外面套上绣着竹叶的短袍，脚穿平跟鞋。这就是慈禧的家居服了，上朝办公，另有衣服。家居服穿好之后，慈禧就走到窗前，那里有两张长桌，放着各色化妆品。

慈禧在洗脸梳头时对裕庚太太说："我不要宫里的侍女、太监或老妈子碰我的床，因为他们都弄不干净，所以我的床总是宫眷替我收拾的。"说到这里，她回头对德龄、容龄说："你们俩不要奇怪，以为宫眷也要做这种低贱的事情。你们想，我已经这么大的年纪，可以做你们的祖母了，那么你们替我做些事情也算不得过分吧？轮到你们俩的时候，你们可以指挥别人做，用不着自己动手。"遂又对德龄说："你的外国话和清国话，都说得那么好，对我是个极大的帮助，我让你做头等的宫眷。你不必做太多的事情，只需在外国使者来朝见的时候，做我的翻译好了。同时，我还要你替我管理珍宝，不要你做任何粗事。"进而对容龄说："你可以拣喜欢的事情去做。"

德龄受宠之至，她不敢怠慢，赶紧走到床前，去看其他人如何工作。具体流程是：慈禧起床后，太监就把被褥拿到庭院里去晾；宫眷再拿床刷，把刻花的木床刷干净，铺上毡子，再在上面铺上三条黄缎的褥子；再在上面铺几条颜色不同的黄缎褥单，褥单上绣着金龙蓝云头。如此铺设，简直就是吃饱了撑的，但慈禧是大清国的主宰，不这样不足以体现她至高无上的地位。

在褥单之上，高高地叠着六床被，颜色也各有不同，如淡红、淡蓝、绿色、紫色等等。床的顶部有雕刻精细的木架子，上面悬挂着雪白的绣花绸帐。同时，还悬挂了许多小小的丝织网袋，里面装满了气味浓烈的香料。初来乍到的人闻了，每每头昏脑涨，乃至恶心呕吐。很显然，慈禧习惯于这种恶香。这个老太婆，喜欢把一切极端化，如权力的极端化、财宝的极端化、化妆的极端化、饮食的极端化、床铺的极端化、颜色的极端化、服饰的极端化、性格的极端化……但凡能想到的，她都可以予以极端化。慈禧的血液里，流淌着极端主义者的毒素。所以，她喜欢把一切推向极端。

大约十五分钟后，宫眷们已把慈禧的床铺好。这时，一个太监正在为慈禧梳头。这个工作，最初是由李连英来担任的，李升任总管后，这个头等大事，就交给了其他太监来干。这个活相当难干。慈禧虽然早已过花甲之年，但因为保养得好，其头发且黑且软，犹如黑色天鹅绒。也因此，她特别看重自己的秀发，不容许有半根脱落。你想这可能吗？别说是个老太婆，就是年轻人，都有个新陈代谢性的掉发。又一想，慈禧是谁？她是大清帝国的唯一主宰啊，谁敢悖逆？李连英却敢，他为慈禧梳头的时候，就把掉下来的头发，悄悄藏到马蹄袖里。这也就是李连英敢这么做，换换人，被发现了，那就是欺君之罪，非杀头不可的。就有这么一个小太监，那天代替李连英值班，为慈禧梳头。结果，一根头发脱落，不敢说，不敢丢，慈禧发现了，问："是不是有头发掉了？"那小太监说是。慈禧大怒："给我按上！"那小太监当场吓晕过去。打那以后，再没出现过这种情况。这倒不是慈禧不掉头发了，而是所有的梳头太监，都得到了他们大总管李连英的真传。

慈禧梳头的流程是这样的，太监先把她的头发从中央分开，分别梳到耳根处，再绕上头顶，盘成一个很紧的发髻，髻的中央横贯两枚大针。之后，才开始洗脸。完了，再用一块软毛巾轻轻擦脸，然后洒上花露蜜，扑上淡红色的香粉。这期间，慈禧一语不发，生怕头发脱落她不知道，也生怕施粉不匀。寝宫内，鸦雀无声。

梳洗完毕，慈禧仿佛从沉睡中醒来，她对德龄说："你一定很奇怪，像我已经这样大年纪的了，居然还花这许多时间和精神来打扮自己。的确，我很喜欢打扮自己，也喜欢看别人打扮得好看。"德龄恭维说："太后的确看来又年轻又美丽，我们虽然比太后年纪小，却远不如太后。"慈禧说："你总比她们会说话。你说的不假，人人见了我，都说我比实际年龄小很多。你看看，我都快望古稀了，可仍有人说，我像四十岁。年轻真好。"

一边说着，慈禧一边带着德龄，来到她藏珠宝的房间。房间三面靠墙的地方，全是木架子，从屋顶到地上，一格一格地整齐排列着。架上放着乌木匣子，里面藏宝无数。每个匣子外面贴张小黄条，注明里面所藏何物。慈禧指着右边架子上的一排盒子说："这些都是我日常所戴的，你得常常查看查看，有没有缺少。其余的，都是在特别场合戴的。这满屋上下，大约有三千盒，还有许多锁在别的房里，等我有空带你去看。"这算是一个工作交代与安排。之后，慈禧就开始上朝理政。

慈禧游山玩水

上朝结束之后，皇帝载湉、总管李连英，通常都会回到各自的住处歇息，慈禧则卸下沉重的珠宝等行头，换上小巧一些的首饰，然后就到户外散步。这天，慈禧笑着对德龄说："你还没有享受过我们散步的这种快乐，走，我带你到那边的山顶上去吃饭，那里有一块极好的地方。我想你一定也喜欢的，来吧，我们一起去。"慈禧回头看了看，接着愉快地说："看，多少人跟着我们来了。"德龄转身一看，果然跟来不少人。其实，就是护送慈禧上朝的原班人马，有太监，也有宫女。慈禧去哪儿，他们都得跟着，因为这是他们的工作。其中的一个太监，时时捧着一把黄缎椅，如影相随。慈禧若是走累了，就停下来坐坐。其他人，则都必须站着。

最后，大家来到有石舫的地方。慈禧指着石舫说："你看看这许多破损处，都是庚子年被洋兵弄坏的。你瞧那一排玻璃的彩画及颜色，现在变成了这个样子！我也不愿意去修理。这也算让它留一个纪念。"谈话中，远远看见划来两只华丽的大船，后面和左右两边布满了小船。这许多小船，也是极精巧的，一眼望去犹如极美的浮塔。浮塔的窗子挂上红色纱帘，并且镶着缎边。慈禧说："船在那里。我们必须上船，划到湖的西边去用餐。"

太监细心地伺候着慈禧上船。船上有各种不同式样雕花的檀木桌椅，上面铺蓝缎的垫子，两边窗子都布满着花朵。船上还有两个小房间，一间是更衣室，室内有全副梳妆工具；另外一间内有两铺炕和几张小椅子，是为慈禧疲倦时休息而设置的。慈禧和大家一同坐在船板上，浏览岸边的风景。兴致所致，慈禧叫大家看后面跟来的船。德龄伸头向窗外看去，但见皇后的船正尾随而来。慈禧拣了一个苹果给德龄，并笑着对她说："你能投给她们吗？"德龄用力一掷，那个苹果"扑通"落在水中，慈禧叫她再抛一个，又未中。慈禧说："看我的。"也投出一个苹果，恰巧打中了一位宫眷的头，大家笑得人仰马翻。

另外几只平船，一只满载着太监，一只满载着宫女、阿妈。其余都是替慈禧运送午餐的船。阳光下的湖色，清新宜人，令慈禧等开心得不得了。

上了岸，大家开始爬山。慈禧和皇后的轿子在前面，余者在后。抬着轿子爬山，是力气活，同时也是技巧活，尤其后面的轿夫，为了使轿子平衡，他必须将轿杆高举过头顶才行，稍有不慎，就有滚落的危险。但轿夫们常年为慈禧服务，个个训练有素，也就有惊无险。到了山顶，大家扶慈禧下轿，之后就跟着她走进福清阁。

这几乎是颐和园中最美丽的地方。此阁共有两大间，每边都有窗子，可以眺望全园。两间屋子中央的一间作餐室，小的一间作更衣室。凡是慈禧所到之处，都有更衣室。老太婆的精力十分旺盛，娱乐、游玩、换衣服，她从不知疲倦。以服饰来说，她每天都做一套新衣服，至于每天换几套衣服，那要看需要。以今天为例，她上朝时是一套衣服，谓之朝服；朝会结束，她换了一套便服；这会儿到了福清阁，刚吃罢午饭，又换了一套鲜艳的袍子出来。总之，只要她高兴，就没有玩不出来的花样。

再历伤心事

德龄姐妹的到来，让慈禧快活不已。但也仅仅高兴了个把月，一个不幸，又把老太婆的好心情打入冷宫，这就是 1903 年 4 月 11 日荣禄的去世。荣禄死后的第四天，慈禧从西陵回京，见到前来接她的弟弟桂祥，她悲愤交加地说："你害了荣禄，举荐那个无用的郎中。"由此可见，彼时的荣禄，与慈禧的关系非同一般。

据说，慈禧曾与荣禄定过娃娃亲。更有传言说，早在慈禧的丈夫奕詝帝死之前，慈禧与荣禄的关系就一直很暧昧。虽然这些说法无可考证，但有一事，却可以佐证之。1880 年，荣禄与嫔妃私通，载湉的老师翁同龢告知慈禧，她还不怎么信。时年四十五岁的慈禧，可谓"徐娘半老，风韵犹存"，她对于荣禄怎么就没有吸引力了呢？可是有一天，慈禧亲眼发现了荣禄的背叛行为。她甚至怀疑，荣禄与慈安也有一腿，至少他们是同党。于是，慈禧就愤怒地将其所有职务免掉。荣禄由此闲居整整十年。

日久天长，慈禧却才发现，没有荣禄的日子不好过。于是，渐而重新起用荣禄。1891 年底，起任荣禄为西安将军。1894 年，允准荣禄入京拜贺慈禧六十大寿，适逢清日战事，留京授予步军统领，办理军务。战后，再授荣禄总理衙门大臣、兵部尚书、协办大学士，督练北洋新建陆军。1898 年 6 月，戊戌变法期间，授荣禄直隶总督兼北洋大臣，为慈禧发动政变立下汗马功劳。荣禄旋即内调中枢，授军机大臣，晋文渊阁大学士，管理兵部事务，节制北洋海陆各军，统摄禁卫军。1902年1月，荣禄随慈禧返京，转文华殿大学士，管理户部事务。

慈禧感念荣禄，他死后被追赠为太傅，谥号文忠，晋一等男爵。荣禄也算是哀荣之至了。

颐和园内女主人

慈禧临朝

颐和园是集办公、居住、游乐为一体的场所。慈禧生活在这里，享尽了权力，也享尽了荣华富贵。本书就要接近尾声了，我们还不曾正面描述过慈禧临朝指点江山的情景。那么，下面这一节，就算是一个补充。

通常情况下，慈禧刚穿戴完毕，载湉皇帝穿着礼服就来了。这个时间必须恰到好处，早了晚了，慈禧都会震怒。载湉一进来，就在慈禧面前跪下，说："亲爸爸吉祥。"载湉对慈禧这个不伦不类的称号，尽人皆知。什么老佛爷、亲爸爸，全是男性称谓。慈禧在宫里就喜欢人们这么称呼她，这种怪癖也实在无与伦比。

载湉问安完毕，一个小太监拿着几只黄盒子，放在一边的桌子上。慈禧坐在她的小宝座上后，小太监便打开黄盒子，从每个盒子里拿出一个封袋献给慈禧。慈禧用象牙小刀把封袋裁开，取出里面的东西看了一遍。此乃各部各省所上的奏章，慈禧每读完一份，就转手递给皇帝载湉。慈禧与载湉读完，所有的奏章又被放回盒子里。此间，室内寂无声息。李连英适时而入，他跪在大理石地上，例行公事地说："老佛爷，轿子已经预备好了。"慈禧点头会意，就走出寝宫上轿，到朝堂（下称办公厅）去会见各部长官。

从慈禧寝宫到办公厅，不过五分钟的路程。但为了体现老太婆的尊严，依旧是兴师动众，几十名随从浩浩荡荡而往。慈禧的轿子由八个穿礼服的太监抬着，皇帝在轿子右边走，皇后及其他宫眷，则在轿子左边走；李连英扶轿在左边走，另有一个二等太监扶轿在右边走；轿前四个五品太监，轿后十二个六品太监，各人手里分别拿着慈禧的衣服、鞋子、手巾、梳子、刷子、粉盒、各式大小的镜子、银朱笔墨、黄纸、旱烟和水烟；最后一个太监，抱着慈禧的黄缎凳子（这个角色，我们在前面曾经提到过）。此外，大队人马里还有两个老妈子、四个宫女。这阵势不像是去上班，倒像是搬家。

办公厅约有六十一米长，四十六米宽，左边有一张长桌，上覆以黄缎。慈禧入殿，坐在宝座之上。皇帝载湉，则坐在慈禧左边一个较小的座位上。大臣们早跪在那里，等待慈禧的训示。

办公厅后面有一个二十乘十八的坛。正坛之前，是慈禧的宝座。宝座后面是一个精致的木刻屏风。坛上器物和装饰品，都刻着华丽的凤穿牡丹花，全殿的木材皆为乌木。在慈禧宝座的两旁，各有一枝翣，是用孔雀毛做的，下面装有乌木的柄。殿内一切陈设都用黄绒铺饰。皇后、宫女等皆在屏风后等候。在这里，宫眷们可以清楚地听到慈禧与大臣们的谈话。

这天，军机大臣庆王等前来汇报工作，并呈给慈禧一张任免名单。庆王说："有几个人的名字虽然没有在这单子上，却是很适宜于这一职位的。"慈禧说："好的，一切照你意思做吧。"慈禧又象征性地问皇帝载湉："这样好吗？"载湉说："好。"上午的办公，至此结束。

只有一个座位的皇家戏院

在慈禧的一生中，看戏是她的一项重要娱乐。在颐和园，戏院不止一处，每处的戏台共分五层，上三层作贮藏室和张幕用；下面的两层：第一层为普通戏台，第二层为演鬼神戏用。慈禧信佛，也更信鬼神，所以她特别钟情于后者。戏台左右有两排矮房，是慈禧赏赐王公大臣们听戏的地方。戏台正前的三间大屋，则是慈禧听戏的地方，高出地面十余尺，和戏台在同一水平面上。三间房屋中，两间是可以坐坐休息的，靠右一间是慈禧的卧室，横在前面的是一铺炕，可坐可卧，随慈禧喜欢。有时慈禧听戏听倦了，就躺下睡觉。锣鼓的喧闹，对她丝毫没有影响，她照常可以睡得很香很甜。

颐和园的戏台还有一个特别处，即可以旋转，而且在高空还有种种特殊设备。不但舞台场面可以快速转换，连天兵天将的从空而降，也毫不费力。慈禧在帝国的工业与军事现代化上，没有任何建树，倒是在戏剧现代化方面，早已是赶英超美。

慈禧看戏与临朝一样，规矩多多，不可逾越。依旧是皇帝、皇后等陪同人员先到，慈禧一露面，满戏院里的人，自皇帝、皇后、妃嫔、郡主、宫眷等，最后为来宾，依次跪倒在地，等慈禧走到她的位置上坐下，大家才敢起立。一次，大家早早来到戏院，等待慈禧的到来。载湉皇帝也不知怎么就来了童心，突然说："太后来了！"其他人赶紧齐刷刷地跪下去，载湉立而未动。等大家反应过来，这才相互一笑。倘非载湉恶作剧，在颐和园里，他哪里配享人人跪拜的礼遇呢？

在皇家戏院里，慈禧之外，大家怎么看戏？全都站着呗。当然，贵为皇帝，也自不例外。有一天，刘赶三[1]在颐和园演一出扮皇帝的戏，同台的戏子笑他是假皇上。那刘赶三忽然在台上插科打诨，说："你别看我这个假皇上，我还有座位坐呢！"这是讽刺真皇帝载湉看戏没有座位坐。慈禧那天心情好，被刘赶三那句笑话给逗乐了，她笑着说："那就给我们真皇上端把椅子吧！"从此以后，载湉看戏才有了座位。但载湉也不是随时可以坐着看戏，如果慈禧的脸色不好看，就是有椅子他也不敢坐。所以，大多数情况下，坐着看戏的，只有慈禧一人。

---

[1] 刘赶三（1817—1894 年）在清末京剧丑行中，被称为天下第一丑。其令人敬佩之处是，他浑身是胆，铁骨钢肠，从不知权势为何物。在演出中，他常常利用丑行演员可以当场抓哏、插科打诨的职业特点，每每借题发挥，指斥权贵、针砭时弊，尖刻异常。

坐着吃饭

在戏院里，只有慈禧一人可以坐。吃饭的时候，同样只有一把椅子，仅供慈禧就座。

清宫有一个庞大的膳食机构，诸如御膳房、御茶房、饽饽房、酒醋房、菜库房等等，专门负责皇帝及其家人的膳食。以御膳房为例，它的工作人员就有三百七十余人，以及数十个太监。御膳房由正副尚膳、正副庖长具体领导。帝国一把手每天的伙食配额为：各类肉三十七斤；猪油一斤；羊两只；鸡五只；鸭三只；时令蔬菜十九斤；各种萝卜六十个；苤蓝、干闭瓮菜各五个；葱六斤；调料玉泉酒四两；酱及清酱各三斤；醋二斤。还有八盘二百四十个各种饽饽，计耗白面三十二斤、香油八斤、白糖核桃仁及黑枣各六斤，芝麻、沙橙若干。皇后及皇贵妃以下，依等次递减。如无特殊情况，须严格按配额供应，不得擅自增减。如此暴饮暴食、奢侈浪费，就是猪，一天也不知要撑死多少头了。

上面说的是历代大清皇帝的普通饮食，到慈禧时，一切有增无减。慈禧每天两顿正餐，每餐备正菜一百种、糕点水果糖之类一百种。慈禧正餐之外，另加两次小吃，每次小吃上佳肴四五十碗。太夸张了，你听说过伺候一个人的小吃，一上就是几十碗的吗？上之所言，无论正餐还是小吃，都是家常饭，倘若逢年过节，慈禧的饮食，又不知该丰富到何种令人咋舌的地步。

慈禧吃饭的特点是，吃得多，吃得慢；一边吃，一边谈；一顿饭，一两个钟头，那是常有的。等她吃好，她才站起来说："去告诉皇后及其他的人，一同来吃饭吧。"皇后及其他宫眷，这才小心翼翼地走过来站着吃。慈禧高兴的时候，还会跑过来看宫眷们吃饭，只看得大家毛骨悚然。相信，那是宫眷们最痛苦的时刻。看着看着，慈禧会突然嚷嚷起来："咦！你们为什么都站在那一头？好菜都在这边，你们一起过来，靠在皇后旁这边吃。"于是，宫眷们这才过来吃。等慈禧走了，其他宫眷照样躲得皇后远远的，这就是等级界限，人人心知肚明。

有一天，仅慈禧一人坐着吃饭的历史，突然被改写。事情是这样的，美国大使康格的夫人，介绍凯瑟琳·卡尔小姐为慈禧画像。慈禧同意后，卡尔小姐就入宫开始绘画工作。这天，慈禧吃好后，就叫宫眷们去吃。走到餐厅，所有的宫眷都大吃一惊，因为在那里摆了很多椅子，就餐者人人有份儿。大家站着吃饭早已习惯，突然安排了椅子，所有的人感到万分震惊。随之是无所适从，以及莫名其妙的担心和害怕，不知慈禧葫芦里卖的什么药。皇后也是万分惊奇，问其他宫眷，是否知道其中的原因。结果，没人说得清。德龄备受慈禧宠爱，皇后就叫她去问个虚实，不然这顿饭，是万难吃下去的。

德龄到慈禧那里探问虚实，慈禧低声说："我不要卡尔小姐说我们野蛮，如此对待皇后和宫眷，因为她并不知道这是祖宗的礼法。所以你们就坐下吃吧，不要来谢我，要做得自然，好像你们本来就是坐着吃的。"德龄回来一说，宫眷们这才如释重负，坐下去吃饭。不知为什么，所有的人都如坐针毡，那顿饭吃得极不自在。

抑郁的老太婆

慈禧经过一次拳乱，对自己的对外政策，进行了彻底的反省。因为她过于媚外，朝中大臣愤怒不止。但那也仅仅限于敢怒不敢言，慈禧的脾气他们是知道的。因为慈禧媚外，见风使舵的李连英也紧紧跟上，他常常笑着对慈禧说："老佛爷，我们现在也成假洋鬼子了。"慈禧也是一笑而过。

载湉之前的清帝，对于外国使节要求觐见之类的事，非常反感，他们认为夷狄不配一睹大清国皇帝的尊严。经过反复的交手——鸦片战争、英法联军、甲午战争、八国联军，大清帝国被夷狄揍得鼻青脸肿，他们才意识到再躲着外国人是不行了。清政府这才从厚重而坚硬的王八盖子下，把头伸出，享受外间的新鲜空气。慈禧自西安回，就不断地安排时间接见外国使节，甚至请外国使节夫人到颐和园内欢宴。

这天，慈禧在仁寿殿接见了俄国使节渤兰康夫人。会见大臣时怎么坐，会见外国客人时，依旧怎么坐——慈禧坐在大宝座上，载湉则坐在慈禧左边的小宝座上。给人的感觉，三十好几的皇帝，犹如一个乖顺听话的幼童。外人怎么看不去管他，在慈禧来说，这可是权力问题，容不得半点马虎。会见时，慈禧穿着黄缎绣袍，上面绣着彩凤和"寿"字，并镶着金边。俗不可耐的是，慈禧满身的衣服上，全都挂着鸡蛋般大的珍珠，手上戴着许多金镯、金戒指和金护指。

渤兰康夫人被引导进殿后，先向慈禧行礼，随之慈禧与她握手。接下来，渤兰康夫人呈上沙皇全家的相片。慈禧表示感谢，并致欢迎辞。接见时间很短。因为渤兰康夫人来的时候，已是接近中午。所以，短暂的会晤后，渤兰康夫人在公主和宫眷的陪同下，就直接进入餐厅。金盏玉器，华美无比。需要说明的是，为体现帝国尊严，慈禧与皇帝从不和客人同席。其实，这是一种级别对等的外交原则，慈禧时代尚未建立起这套规则，更未与国际接轨。因此，他们所遵循的只是自己的脸面，而不是国际原则。

颐和园里的人注意到，但凡有外国女子来觐见，不管人家态度如何，慈禧总是客气以待。等她们走后，慈禧才开始评头论足，说谁好谁不好，并询问人家对她的观感。渤兰康夫人走后的第二天，慈禧就问给她做翻译的德龄小姐："昨天，渤兰康太太还说了些什么？她真的高兴吗？你想外国人真的会称赞我吗？我想不会的，他们一定还记得光绪二十六年的拳匪之乱。不过我也不在乎，我仍旧爱我们的老样子。我真找不出理由，为什么我们要去爱外国人。还有，你有没有听到过外国女人对你说我是一个凶恶的老太婆？"慈禧问的时候，神情忧郁。她嘴上说不在乎人家对她的看法，可她却时时注意外间对她的评论。恐怕她也估摸得出外国人对她的负面看法，不过凯瑟琳·卡尔，也就是那位曾经给她画过像的小姐，却给了她一个不错的评价。卡尔在自己的书中说，慈禧是"非常面善的女士，脸上永远带着一位胜利者自得的微笑"。慈禧最爱听这话，但卡尔小姐的书，是在慈禧去世以后出版的，她也就无法借以自美了。

听了慈禧的问话，德龄赶紧解释说："完全没有这回事。外国人都说太后好，待人和气，态度高雅等等的话。"慈禧听了，情绪似乎有所好转："当然，他们在你面前不得不这样说，让你听到人家说自己国家的皇帝[1]好，心里肯定高兴。但是我比你更知道得多。虽然我也不能为国家操更多的心，但是我实在不愿意看着清国在这样一种困难的状态中。虽然我周围的人都这样安慰我，说差不多世界各国都和清国非常友好，我就不相信这些话。"

小人守夜

上面一节我们说过，慈禧非常在意外国人对她的评价。但对于本国子民如何看她，却毫不在乎。以慈禧身边的人为例，伺候慈禧的宫女，对她的腹诽远远超出我们的想象。

德龄入宫不久，就有宫女警告她说："你不知道宫里是怎样一个罪恶的地方，一切的苦痛你是不会想象得到的。我们相信你现在一定觉得和太后在一起最快活，做太后的宫眷是一件光荣的事。现在固然是这样，可是那日子还没有来呢。不错，太后现在待你非常慈爱，可是等着看吧，等到她对你厌倦了，她将怎样待你。我们已经受够了，宫廷生活是怎么一回事，我们也都知道了。老祖宗是个变化无常的人，她今天爱这个人，明天又会恨得她入骨，太后脾气极大，待人少恩。"

宫女们对慈禧的评价，可谓恳实。以慈禧夜间的休息为例，那的确是很难干的一个活。按照清宫的规矩，皇帝就寝时，床边有八名宫女侍候，还有十六名从内务府传来的侍女在旁协助。她们的职责是服侍主子，工作时不能打喷嚏、咳嗽、唾吐，也不能发出任何声音。清帝醒来的第一个动作是以击掌的方式，召唤执勤宦官。

慈禧寝宫的情况大同小异，她睡下后，其堂屋那冷冰冰的砖石地上，站

---

[1]　慈禧在说话中，常常会自比皇帝。当然，宫里的人也个个把她当女皇。而实际上，她就是未加冕的女皇。所以我认为，德龄女士在自己的书里所录慈禧的话，基本属实。

着六名守夜的太监，他们整夜不能合眼。在慈禧的寝室里，有两个太监、两个宫女、两个老妈子，也是整夜不能合眼。有时，寝室里还有两个宫眷。两个宫女专为慈禧捶腿，老妈子监视宫女，太监监视老妈子，宫眷则监视他们全体。宫女与太监实行轮班制，有时候轮到不甚可靠的太监，就必须有两个宫眷整夜地监视着他们。慈禧信任宫眷，远远甚于宫女和太监。

慈禧早晨的起床，是件令人提心吊胆的事。值班的人有责任叫醒慈禧，却又不能惊吓着她。这个尺度非常难以把握。搞不好，她比一只真正的母老虎还可怕。德龄算是慈禧宠爱的宫眷，可一天早晨，她在叫醒慈禧的时候，照样招来一顿恶狠狠的臭骂。德龄第一遍低声叫她："老祖宗，五点半钟了。"她很不高兴，说："走开，让我睡好了，我没有关照你五点半叫我，到六点钟来叫醒我。"慈禧说完，又睡着了。德龄叫第二遍的时候，时间又过去了，慈禧醒来立刻大怒，说你怎么不早叫我。这也就是德龄，换了人，恐怕早挨鞭子了。

那么，慈禧又是怎样看待身边人的呢？一天，生过一场大气的慈禧对德龄说："你要知道，宫里的人都坏透了，我一点都不喜欢他们。尤其伺候我的那些女孩子，都狡猾得不得了，她们并不是真的不会做事。她们知道我总是要挑选聪明的留在卧室里伺候，她们不喜欢这种差使，所以故意做出很笨的样子，惹我发怒，这样我就可以不要她们，而随意派些轻便的工作给她们做了。可是我比她们更坏，专要愚笨的人来伺候我。跟你说这些，我是很怕你也中了她们的毒，相信她们说我怎样怎样可恶。不要去和这些小人讲话，我要你站在我一边，一切照我所吩咐的去做。"

宫里的端午节

在皇宫里，无论过什么节，自皇帝、皇后开始，下面的人都要给慈禧送礼。所送礼物，上面都要附上一张黄纸，写明所送礼物及某某人跪进。礼物也往往是五花八门，有日常用品、丝织的或宝石的装饰品，有精美的雕刻和刺绣。因为慈禧媚外，送外国礼物的居多，其中又以法国产品最受欢迎，如锦缎、家具、香水、香粉、肥皂，及其他种种法国的化妆品。目的就一个，取悦慈禧。

我们要知道，宫女和太监，乃皇宫里的草根阶层，平日收入不多，所送礼物，也就只能尽其所有。慈禧也不论好坏，每一样礼物，都逐一查看，她尤其留心那些薄礼及所送之人的姓名。端午节的时候，一位王妃送了一份在慈禧看来很薄的礼，她就十分生气，说："把这份儿礼留在我房里，让我仔细看看。"那是一块衣料，慈禧叫德龄把衣料和绲边都量了一量，结果发现，绲边的长短各不相同，没有一条够滚一件衣服的。同时，衣料的质地也并不好。慈禧说："你看吧，这种也可算是礼物？！我都知道，她们这些东西也是人家送的，她们把好的剪掉了，剩下的就来送给我，因为她们知道不送是不可以的。我真不懂她们竟会那样怠慢。也许她们在想，我收的东西多了，一定不会每样都注意到。其实她们错了，我第一就注意到那些最坏的东西。实际上我是每样东西都记得的。我可以看出，哪些人送礼是有诚意要使我快活的，哪些人送礼是勉强敷衍塞责的。我也照样地回赏他们。"

端午节一向是按阴历来算的，即五月初五为正日。通常情况下，慈禧都要提前一天，回赏王公大臣、王妃、宫女、太监。民间的说法，叫作回礼。慈禧有她心狠手辣的一面，也有她传统的一面。礼节方面，除非有碍她的权力，否则她都会遵循不悖。慈禧具有超常的记忆力，她能够记住每个人所送的礼物，并记得送礼者的姓名。所以，她的赏赐就依照他们所送礼物的厚薄而定。慈禧赐给皇后、皇妃及每个宫眷一件绣花衣服、几百两银子。次一等的，每人也有两件绣花衣服、几件家常衣服、短袄、背心、鞋子和花等。慈禧说是要对那些送薄礼的人以牙还牙，可临了也未必一定照做。毕竟她是皇宫里的超级大财主，她不缺那点东西，她主要图个高兴。所以，她回赏的礼物，往往比大家实际送她的还要好和多。

端午那天正午，慈禧用一只杯子盛了酒和雄黄，然后用一个小刷子蘸了，在宫眷们的鼻子和耳朵下各画上几点，她深信这样可以防止夏天毒虫侵入。除此之外，端午节当天晚上，慈禧还与颐和园各界群众一起观看了大型历史剧《屈原》。至此，一个节日总算落幕。

谁惹了老佛爷

我们不能想象，如慈禧者，皇帝都在她手心里攥着，又富有四海，她还有什么不顺心的？这是普通人的思维，其实，是人就有烦恼。而这烦恼，也绝不因为你是国之至尊，就没有了。我认为，这是上帝造人最公平的地方。

慈禧的无上权威，体现在行政上。满朝文武、各省官员，至少在大面上是不敢违拗慈禧的。不仅不敢违拗，还会奴才劲十足，以期保住自己的乌纱帽。但在皇宫里的情形就不同了，大家与慈禧少了文武大臣看慈禧的那种神秘感。因为彼此朝夕相处，也就形同一家人。宫里的人也怕慈禧，但绝不是文武大臣的那种怕。文武大臣对于慈禧，当面恭敬有加，背后则是为尊者讳。在官场，人人都知道一个规则，即不可以是非国家领袖。宫里的人就不这样，他们当着慈禧的面，一个个乖顺得很，私下却不会为尊者讳，对于慈禧，他们该怎样议论就怎样议论。

有一天，一个宫女替慈禧拿袜子，结果拿成了顺子，招致慈禧大怒，她叫另一个宫女来惩罚这个犯错的宫女，在其左右脸颊上，各打十巴掌。监刑的慈禧发现，行刑的宫女下手不够狠，认为她们是一伙的，于是就叫那个挨打的宫女反过来打那个宫女。两个宫女，你打我不认真，我打你也不认真，气得慈禧直大叫："这些小人，合伙整我，快给我滚出去！"两个宫女伸伸舌头，出门相互扮个鬼脸，笑着走了。这就是她们的生活，习以为常，也就拿慈禧的暴怒不当回事了。

太监也常常受到慈禧的惩罚。一天，正当慈禧午睡的时候，一阵爆竹声响彻皇宫上空。这还了得，皇宫实行严格的空中管制，怎么可以有这种声音。慈禧被吵醒了，几秒钟之内，人人都紧张到了极点，彼此来来往往，上蹿下跳，整个皇宫乱成一团。慈禧当即指示，叫大家立刻镇静下来。然而，没有人理会这样的指示，尤其那些没见过世面、没经过风雨的太监们，个个如热锅上的蚂蚁，瞎跑乱奔，好像发了疯一般，且高声喧哗，议论纷纷。可以想见，庚子年闹拳乱的时候，皇宫里的乱局，比当下的情形应该是有过之而无不及。

慈禧见震慑不住，终于拿出了她的撒手锏——黄袋子，里面装着大小不同的各种竹鞭，是专门用来打太监、宫女和老妈子的。慈禧走到哪里，黄袋子就带到哪里，以备急用。慈禧吩咐宫眷，每人各拿一根竹鞭，到院子里去打那些乱成一锅粥的太监。宫眷们摇身一变，全成了皇宫女警，她们提溜着鞭子，去驱赶成群的太监。"女警"们一边笑着，一边驱赶太监；太监们一边笑着，一边躲避"女警"。结果，反倒成了一场有趣的游戏。直到李连英及其随从们的到来，乱局这才戛然而止。

当时，李连英也正在小睡，听到吵闹声后，就赶紧出来查问详情。原来，一个太监捉到了一只乌鸦，捉到后就在乌鸦的腿上系了一串鞭炮，点燃后一放手，乌鸦就飞向蓝天。接下来，人们就看到了一个惨烈的现实，刚到半空的乌鸦，就被鞭炮炸了个粉身碎骨。据说，皇宫太监常玩这种恶作剧。每次玩的时候，他们都很幸运，不被发觉。这次该他们倒霉，那只可怜的乌鸦所飞的方向，恰恰是慈禧的寝宫。于是，犯事的太监很快被捉来，押到慈禧面前。李连英立刻下令，把那个太监按倒在地，同时命另外两个太监各拿一根竹鞭，重重地抽打他的大腿。那被打的太监始终不出一声。当李连英数到一百下的时候，他喊了一声："停！"接着，他跪在慈禧面前，连叩几个响头，自责说这是由于他的管理疏忽造成的，请慈禧责罚他。慈禧没有责备李连英，只是叫他把犯事的太监拖走了事。

慈禧照相

慈禧在德龄房间，发现了很多她在法国时的照片，感到十分惊奇，埋怨说，外面有这么新奇的东西，为什么不告诉她。德龄的母亲解释说："我们没有想到太后要照相，况且也不敢对太后提起这事。"慈禧笑道："随便什么事你都可以说，只要是新鲜的，我都愿意试试。"当慈禧得知德龄的哥哥勋龄就会照相时，她迫不及待地说："明天那就让勋龄也给我照几张。"

德龄有两个哥哥，都在宫里为慈禧服务，一个管颐和园的电灯，一个管慈禧的小轮船。满族规矩，官员的子弟，都必须在宫中服务两三年。他们在宫中非常自由，可以天天和慈禧见面，慈禧也常常爱和他们攀谈。这些子弟每天清早就到宫中来上班，下班后就回自己的家。宫中不许住男人，这是大家都知道的。

把话题拉回来。在颐和园做电工的帅哥叫勋龄，得到谕旨，为慈禧照相。勋龄连夜回去拿照相机。第二天一大早，慈禧就决定拍照，而且说："第一张我要照我坐在轿子里去临朝的样子，以后随你们要照什么。"慈禧准许勋龄可以选择宫中的任何一间房子做工作室。同时，派了一个太监去给勋龄打杂。

这天上午八点，勋龄把几架照相机放在庭院里，准备工作。慈禧走进庭院，把每架照相机都仔细看了一会儿，说："这真奇怪，怎么这东西就能把人的相貌照下来？"她站在照相机后面，叫一个太监立在照相机前面，她要看看是怎么回事。那太监站到了相机前，慈禧通过镜头往外一看，不禁大叫起来："为什么你的头在下面？你现在是头站着，还是脚站着？"慈禧被吓得完全语无伦次了。德龄在一旁向慈禧解释成像的原理，说照好以后就不是颠倒的了。慈禧不信，叫德龄站过去，看看如何，结果也是头朝下，这才略微放心。

慈禧说第一张要照乘轿去上班的，于是她就上了轿，一切如平常的那样。因为勋龄早已准备好，慈禧上轿就绪，他就按下了快门。慈禧毫无感知，就问勋龄："照了一张没有？"勋龄回答说已经照过了，慈禧略有不快，说："为什么不先关照我一声？我刚才的样子太古板了。记着下次照的时候要先关照我一声，我要照个和气些的相。"因为有这稀奇玩意的缘故，慈禧那天的早会非常草率，只用了二十分钟，她就把大臣们打发了。然后，她赶紧走出办公厅，对勋龄说："趁着天气好，让我们再去照几张相吧。"

相照完，下面的工作就要进入暗房了，慈禧说什么也要亲临观摩。慈禧看了一会儿，看到相很快显了出来，非常高兴。勋龄把底片举起来放在红光前面，让慈禧可以看得更清楚些。慈禧说："不是很清楚，我可以看得出这是我自己，不过为什么我的脸和手都是黑的？"德龄告诉她，印到相纸上后，黑点就变白点了。慈禧感叹说："真是学到老学不了啊。"慈禧看了一会儿就走了。

下午四五点的时候，慈禧又来了，见勋龄印出了好多照片，她就顺手拿起一张欣赏。因为久未放到定影剂里，慈禧手中的那张照片因曝光时间太久而变黑了。慈禧惊慌失措："怎么变黑了，是不是坏预兆？"勋龄解释后，慈禧说："倒是有趣得很，原来要费这样多的手脚。"

慈禧一直想在办公厅里照几张，但因那里光线太暗，勋龄试了几次，都不能得到一张好相片，只好作罢。后来，因为祭祀的缘故，他们顺带移师中南海，要在那里照几张"和气些的相"。慈禧那几张著名的菩萨照，就留影于中南海。那是 1903 年的夏天，正值中南海里的荷花争奇斗艳之时。所以，慈禧事先下了一道谕旨：

> 四格格扮善财，穿莲花衣，着下屋绷。连英扮韦陀，想着戴韦陀盔、行头。三姑娘、五姑娘扮撑船仙女，带渔家罩，穿素白蛇衣服，想着带行头，红绿亦可，船上要桨两个，着花园预备带竹叶之竹竿数十根，着三顺预备，于初八日要齐。

在充分准备的情况下，慈禧一行来到中南海，又是布景，又是装扮，也算是大功告成。慈禧扮观音之由，她给出的说法是："碰到气恼的事情，我就扮成观音的样子，似乎就觉得平静起来，好像自己就是观音了。这事情很有好处，因为这样一扮，我就想着我必须有一副慈悲的样子。有了这样一张照片，我就可以常常看看，常常记得自己应该怎样。"慈禧渴望做一个慈祥的人，然而她那至高无上的位置，却常常让她失去慈祥。所谓位置使人变坏是也。

当时在中南海参与拍照的，还有日本摄影师。据说，这次拍照片"已许以千金之赏矣，内廷传谕又支二万金"。可见慈禧为了自己的一张菩萨照，她是不惜付诸巨万的。反正"千金散尽还复来"，怕什么？

重返戊戌雁过也

　　说完慈禧的日常生活，我们再回到她的行政工作中来。自慈禧二十多岁参政以来，她所经历的大事，一桩接一桩——英法联军火烧圆明园、太平军之乱、甲午战争惨败、八国联军入侵北京等等，每一件都惊心动魄，也都是对大清帝国的一次伤筋动骨，但慈禧几乎都没当回事。唯一给她深刻教训的，就是庚子年拳乱导致的八国联军入侵北京。从慈禧仇外，到慈禧媚外，这是前所未有的一次深度改变。

　　更深的改变主要还是观念上的。1904 年，在慈禧七十大寿的时候，她竟然破天荒地宣布，特赦除康有为、梁启超以外的所有 1889 年维新变法的领导人。这意味着，慈禧有选择地为戊戌变法正了名、平了反、昭了雪。至此，血洒菜市口的六君子，得到最高执政当局的认可。

　　接下来，慈禧开始梳理她所走过的路，认为只有改革，才是帝国唯一的出路。她为六君子等平反昭雪，实际是向她的执政团队所投放的一个信号，意思是下一步我要做点什么，先给大家尤其是保守派们打个预防针，到时不要感到意外。

　　1905 年，慈禧决定派人员到西方去考察人家的政治制度，这就是著名的"五大臣出洋计划"。五大臣接到任务，分赴西方各国（美、英、法、德、意等），进行了一次全面的考察研究，重点在于研究这些国家的宪政制度和议会式政体。次年，五大臣回国后，向慈禧陈述立宪的益处，颇得慈禧赏识。

慈禧计划在十二年内，为清国建立一个议会制政体。1906年秋，慈禧决定实行宪政，并发布一道有名的谕旨：

> ……各国之所以富强者，实由于实行宪法，取决公论，君民一体，呼吸相通，博采众长，明定权限，以及筹备财政，经画政务，无不公之于黎庶。又兼各国相师，变通尽利，政通民和有由来矣。时处今日，惟有及时详晰甄核，仿行宪政，大权统于朝廷，庶政公诸舆论，以立国家万年有道之基。但目前规制未备，民智未开，若操切从事，涂饰空文，何以封国民而昭大信。故廓清积弊，明定责成，必从官制入手，亟应先将官制分别议定，次第更张，并将各项法律详慎厘订，而又广兴教育，清理财政，整饬武备，普设巡警，使绅民明悉国政，以预备立宪基础。

1906年9月1日，清政府正式对外宣布：预备立宪。慈禧的一系列举措，昭示着清帝国"重返戊戌"的行动，逐步展开。我这里的"重返戊戌"概念，是指清帝国像戊戌年间那样进行改革。但慈禧为了面子，坚持自己的改革不同于戊戌改革，也就是不同于载湉的改革。为了区别，慈禧把自己的改革称之为新政。实际来说，是换汤不换药，其所走的路，完全是当年载湉的改革之路。遗憾的是，历史没有给慈禧这个弥补过失的机会，就让她和载湉同尽天年，她也就注定在中国人心目中遗臭万年了。正所谓：重返戊戌，雁过也！

几点黄花满地秋

在孕育立宪政治之际，慈禧计划在彰德（今河南安阳）举行大阅兵，并任命袁世凯为大阅兵总指挥。慈禧意在通过此举，对外展示军事实力，对内提振民心士气。数万受检阅的清军部队，以及近三千匹战马，在阅兵村里苦练本领，以高标准、严要求的目标，接受老佛爷的检阅。

大阅兵为期五天，前四天为实弹演练，最后一天为规模宏大的阅兵典礼。1906 年 10 月 23 日，慈禧太后、载湉皇帝，在受检部队总指挥袁世凯等人的陪同下，来到彰德府城外的小张村，隆重而盛大的阅兵式将在这里举行。文武大臣若干，作为慈禧的随同人员，亦在主席台前就座。受清政府外务部及阅兵总部的邀请，英、美、俄、法、德、意、奥、荷、日等各国，均派出了武官和新闻记者（共计四百七十八人），纷纷莅临现场观摩和采访。[1] 各省亦被要求派员，与帝国元首共襄盛举。

因来宾太多，不仅修饰一新的彰德府人满为患，就是旅店也极为紧张。彰德城内的一些小客栈，虽是虱子爬、跳蚤跳，但来晚了要找到一个铺位，也绝非易事。路子野的人，则借宿在当地名流或财主家里。

这次大阅兵，大清国家领导人、文武大臣悉数参加，就连外国人也来了数百。因而，安保就成了阅兵之外的另一项重要工作。阅兵指挥部对此丝毫

---

[1] 前来采访的外国媒体有英国的《泰晤士报》《字林西报》、俄国的《警卫报》、德国的《营报》、美国的《月报》以及日本的《时事新闻报》和《每日新闻报》等。

不敢怠慢，他们专门成立了安保部门，制订周密的计划，应对一切针对太后、皇帝以及外国人的恐怖袭击。阅兵总部还专程从天津调来四百名训练有素的警察，并特别抽调部分军人，协同防范。这支安保队伍，日夜巡逻在太后的下榻处，以及阅兵村现场。

阅兵当天，受阅部队一律穿着整洁英武的军礼服，他们以饱满的精气神，一一通过主席台，接受老佛爷、皇帝的检阅。四万多受阅部队，步伐整齐，军容肃穆，慈禧看了，为之动容。她挥手致意，受检阅的小伙子们，个个愈发精神百倍。外国武官与记者，也人人称奇赞叹。一位老臣看到动情处，竟热泪盈眶："就是康乾盛世，也没有这样的壮举。"另一位老臣同样是百感交集，他掏出一方丝巾，擦了下眼泪说："老佛爷开明，得有今之盛世。老朽死而无憾。"皇帝载湉，则面无表情，因为他正被可恶的疾病纠缠着。这次阅兵他本可以不来的，然而，慈禧对他放心不下，就把他给带来了。慈禧不是要载湉来陪衬自己，而是要拴紧他，不让他有片刻独享安宁的时光。

不知就里的人，有赞大阅兵是增加民族自豪感的，有批大阅兵是独裁者钟爱的游戏的。在慈禧来说，她只有一个目的，即通过大阅兵，巩固自己的权力；在载湉来说，大阅兵就是让他大老远跑来受罪；在袁世凯来说，大阅兵使他的崛起再上一个新台阶；在一些具体指挥、经办、后勤保障者来说，大阅兵又为他们提供了一次贪污的大好时机；在一些老臣来说，大阅兵又让他们对腐烂的帝国多了一回幻想；在后来者魏得胜来说，大阅兵让他把封建专制主义者们的无耻嘴脸看得更清楚了。一次大阅兵，各有所得，如此尔尔。

惜春春去雨打花

独裁者最后的日子

每一位独裁者在位，人们都会愤愤不平，每每诅咒其早死，或不得好死。然而事实是，独裁者总能长命，乃至善终。这些独裁者死后，还往往被继任者追加很多美名，诸如圣显（意思是伟大的什么什么玩意）、孝钦（意思是忠诚的什么什么玩意），让旁观者看了，只想作呕。

本书写到这里，大清帝国的独裁者慈禧，已临近她的最后岁月。时人恨不得她早死快死，那只是一种心情，让人老觉得，慈禧老不死。无论什么人，总有一死，死也只是一个时间问题。你只要稍稍有一点耐心，就会看到，时间老人，会把一切独裁者带进坟墓；历史老人，会把一切独裁者扫进垃圾堆。慈禧正在走向这个临界点，走向她生命的最后时段，其完满的程度，就像她本人控制着生命的按钮，在逐格逐格地松开，使之向前自然地划去，那条抛物线很柔很滑，超乎想象，完美无缺。

1907年冬，慈禧一切尚好。可一到1908年春，她的健康突然成为朝野关注的话题。专制国家领导人的健康，向来都是敏感的，乃至成为一个国家的绝密。慈禧也不例外，这年4月，她去颐和园避暑，却因痢疾病倒了。很长时间，没有她的消息，外界猜测不已。四个月后，慈禧的声音重返清国政坛（她宣布立宪期为九年，一切仿照日本当年之宪政），人们这才知道，老佛爷安然无恙。

10 月 20 日，慈禧乘舟由颐和园到中南海。一条人工运河把颐和园和中南海连接起来，万寿寺就在这条河的岸上。到了万寿寺，慈禧照例登岸去上香，结果最后一根未燃着。慈禧一向迷信，以为不祥，临走的时候，一再嘱咐寺庙僧人，为她祈祷。

11 月 3 日，是慈禧七十四岁寿辰。北京城内的主要街道装饰一新，宫里也准备演戏五天，以示庆贺。11 月 9 日，慈禧与载沣出席军机处会议，她训示说："近来学生之思想，趋于革命者日多，提学使应设法监视他们的政治活动，否则就会难以收拾。"11 月 13 日，慈禧召集大臣开会，说现在该为载淳立嗣了。慈禧仿佛知道自己的生命已开始倒计时，这才掐着点地为自己的儿子立嗣。

那天，参加立嗣会议的汉人大臣有袁世凯、张之洞、鹿传霖等；王爷有庆亲王、小醇亲王。最后，慈禧决定立小醇亲王载沣（载沣的弟弟）之子溥仪为太子，载沣为监国摄政王。载沣之妻是荣禄的女儿，这桩婚姻亦由慈禧主持而成。荣禄受宠于慈禧，最终惠及外孙溥仪。皇帝载湉病情严重，未能出席这次重要的会议。当天下午五点，载沣将儿子溥仪送到宫中。

11 月 14 日下午三点，慈禧到瀛台去看望奄奄一息的载湉皇帝。按照礼制，皇帝必须穿上寿衣才能死，否则不祥。载湉虽神情恍惚，却始终不愿穿寿衣。然他已无力阻挡命运的作弄与安排，在侍者帮助下，最终还是穿上了寿衣。一个活人穿上寿衣，那无疑宣告：你等死吧。等到五点，三十八岁的载湉一命呜呼。慈禧这才回宫，去安排溥仪的登基事宜。

11 月 15 日早六时，慈禧就起床了，她召见军机大臣并与皇后、监国摄政王及其妻子谈话多时，下谕尊太后也就是尊自己为太皇太后，尊皇后（载湉妻）也就是慈禧的亲侄女为皇太后。上午八点，三岁的溥仪登基。到了中午，慈禧吃饭时忽然晕倒，为时很久。慈禧醒来后，太医诊断为劳乏和痢疾闹得太久，元气大伤之故。慈禧已心中有数，遂紧急召见她的侄女隆裕皇太后、摄政王载沣、军机大臣等，嘱托后事，一切吩咐，条理清晰，丝丝入扣。最后，她以太皇太后的身份下诏说："我死之后，重要之事，必须禀询皇太后，才能交由监国摄政王去处理。"下午五点,七十四岁的慈禧去世。这个老太婆,至死都没忘了提拔她的侄女隆裕皇太后。可惜,慈禧的侄女远没有她那两下子,大清国的权柄也才由这位隆裕皇太后,交到袁世凯手里。

载沣其人

晚清的主宰与傀儡皇帝,几乎同时归天。我们利用这一节,简单回顾一下载沣这个人。在前面的章节中,我们对载沣的描述,是断断续续的,同时也是衬托式的。看起来,载沣在晚清的政治舞台上,是多么的重要。这其实是一种错觉,倘非有康有为们的出现,相信他和载淳一样,早已沦落到不值一提的境地。因为有了康有为及其激进的改革思想,因为有了慈禧对改革的默许,因为有了宫廷政变,载沣才有机会走到晚清政治舞台的风口浪尖,也才为世人所知道、所了解、所记住。

载沣是不幸的,他仅仅活了三十八年,却有三十四年生活在慈禧的魔爪里。同时,载沣又是幸运的,生命中注定让他与康有为们相遇,让他这个听到打雷就害怕[1]的人,成为晚清帝国改革的弄潮儿。从此,无论谁书写到晚清这段历史,写到慈禧,都绕不开载沣,他也因此成为晚清历史上的一个不可或缺的文化元素。相较而言,慈禧的亲生儿子载淳,虽然亦为短命皇帝,却很容易被历史学家所忽略。我们发现,描写同治(载淳年号)年间的事,只字不提载淳的大名,照样可以写得通畅流利,而不会有割裂感。所以,一个人的幸与不幸,要一分为二地去看。但我们下面所要回顾的,多以载沣的不幸为话题。载沣去世后,《纽约时报》用了很长的篇幅予以报道,既肯定了他"推动改革功不可没"的一面,也关注了他不幸的一面,文章说:

---

[1] 载沣因长期生活在慈禧那令人恐惧的阴影里,他自小就落下一个病根,闻雷即惧,以为又是慈禧大发雷霆。他小的时候,甚至闻雷即尿裤。载沣成人后,闻雷不尿裤了,但又改为浑身哆嗦了。我把载沣的这些生理行为,归结为"恐慈"后遗症。

　　1889，载湉适婚，慈禧把自己的侄女，也就是她弟弟桂祥的女儿，给载湉做皇后，让这位侄女监督皇帝。这是叶赫那拉氏的第二位女人，骑在爱新觉罗氏的头上。不仅如此，御林军也从未让载湉独处片刻，也就是不能让他单独有片刻休闲时光。叶赫那拉皇后非常忠于她的姑姑叶赫那拉皇太后，每事都去打小报告。无论从哪个角度讲，载湉都是囚徒，从登基到死，一直被囚。

　　有一次，载湉在慈禧旁，让她感到心烦，她对手下发脾气说："把那个东西快给我带走！"载湉听到了，他回到自己宫里大发雷霆，猛砸古玩。这是他唯一可发泄的。因为身边的人，太监、宫女也大都不善待他。在载湉小的时候，因为读书问题，慈禧命太监拧他的脸。这给载湉一个印象，太监也是不好惹的。

　　义和拳乱后，有位外国使节出席宫廷礼仪活动，见了载湉，他写道："大清皇帝陛下的容貌，看上去要比他的实际年龄更显衰老。他额部凹陷，脸色发黄。看到我们这群外交官时，他的神情羞怯，眼光呆滞。他的嘴角流出的是悲哀的、疲惫的和带有些孩子气的笑容。当他咧开双唇时，嘴里露出的是参差不齐的长长的黄牙齿，两侧脸颊上都出现了深深的凹坑。……生活对他来说，已经成为一种负担。"[1]

　　以我的判断，上面这些描述，大体都是合乎实际的。慈禧对载湉这位大清皇帝，不是少有尊重，而是几无尊重。以载湉的所谓亲政为例，一个当皇帝的，你都可以亲自处理帝国大政了，可依旧每周多次跑到颐和园，去向慈禧汇报工作。这且不说，要命的是，身为国家元首的载湉，竟然跟其他大臣觐见时一样，乖乖跪在门外，等慈禧的太监传唤，他才敢入内。见了慈禧，依旧跪禀一切。大臣求见慈禧，须给太监满意的小费，才予以通报。载湉亦在此例，钱给少了，太监照样让这位国家元首一直跪在门外。据说，可恶的

[1]　郑曦原编：《帝国的回忆》，生活·读书·新知三联书店，2001年版，第145—152页。

太监欺负这位皇帝，有时能让他在内宫门外多跪半个小时。慈禧不拿皇帝当人，颐和园里的太监，照样没人把皇帝当人。说载湉亲政，这亲的哪门子政？似乎德龄眼里的载湉，倒让读者多少感到有些欣慰：

我每天早晨碰见光绪皇帝。他常常趁我空闲的时候，问我些英文字。我很惊奇他知道的字这样多。我觉得他非常有趣，两眼奕奕有神。他单独和我们在一起的时候，就完全变成另外一个人了。他会大笑，会开玩笑。但一见到太后，他就变得严肃、忧郁，有时候甚至使人觉得他有些呆气。有许多在上朝时见过他的人，曾告诉我他是个迟钝的、话都不大会讲的人。我却知道得更清楚，因为我每天看到他。我在宫里的这些时间，已经很能够了解他了。他，在中国实在是一个又聪明又有见识的人，他是一个出色的外交人才，有极丰富的脑力，可惜没有机会让他发挥他的才能。

有许许多多人曾经问过我同样的问题："光绪皇帝究竟有没有知识？有没有勇气？"

当然，外面的人决不会知道宫中的法律是怎样严，儿子对待父母的礼节又是怎样重。在这种礼教的束缚之下，光绪帝不得不放弃他自己的主张。我曾和皇帝有好几次长谈，发现他是个有思想能忍耐的人。他一生的遭遇是很不幸的，从小就丧失了身体的健康。他告诉我他书读得不多，但是他生来喜欢读书。他是一个天才音乐家，无论何种乐器，一学就会。他极喜欢钢琴，常常叫我教他。在朝堂里就有好几架华丽的钢琴。他对于西洋音乐有极深的嗜好，我教了他几首华尔兹乐曲，他能够弹得很合节拍。我觉得他的确是一个好伙伴。他也很信任我，常常把他的困难和苦痛告诉我。我们常常谈到西方文明，我很惊异他对每一件事物都懂得那样透彻。他屡次告诉我他对自己国家的抱负，希望中国幸福……我在宫中这些日子，已深深地知道那些太监是怎样残酷的人。他们对于主子丝毫不懂得尊敬。他们没有教养，没有道德，对于一切东西都没有情感，就在他们自己之间也是这样。外界常常听到不少对于光绪皇帝个性的恶评，但是我可以保证，这些都是太监们造出来的谣言。为使这谣言有趣，于是造得愈荒唐愈好。住在北京的大多数人，就这样从他们那里听得许多歪曲的报道。[1]

那个被囚禁在瀛台的皇帝死了；那个终日以泪洗面的皇帝死了；那个长叹"吾汉献帝不如也"的皇帝死了，他终于得以解脱。这是上帝对载湉的恩赐，却是叶赫那拉氏对爱新觉罗氏复仇的必然结果。

慈禧葬礼

对于载湉皇帝之死，史书记载无多，倒是慈禧之死及其葬礼，颇受外界关注。慈禧死后，整个北京市容为之一变，所有喜庆鲜艳的东西，一律撤走，取而代之的是肃穆的蓝青色。这就叫国葬，一家哭，满城灰；一族悲，举国暗。侯宝林先生有段著名的相声，叫作《改行》，其中一节就讲这段历史，我们借此重温一下：

甲：光绪三十四年，光绪皇上死了，一百天国服（这里的国服，实为慈禧而穿，皇帝不过是个引子而已——魏得胜注）。

乙：噢，就是禁止娱乐。

甲：人人都得穿孝。

乙：那是啊。

甲：男人不准剃头，妇女不准搽红粉。

乙：挂孝嘛！

甲：不能穿红衣服。

---

[1]　德龄著：《清宫二年记》。

乙：那是啊！

甲：梳头的头绳，红的都得换蓝的。

乙：干什么？

甲：穿孝嘛。

乙：挂孝。

甲：家里房子那柱子是红的？拿蓝颜色把它涂了。

乙：这房子也给它穿孝啊？

甲：那年头就那么专制。

乙：太厉害啦！

甲：卖菜都限制嘛。

乙：卖菜受什么限制啊？

甲：卖茄子、黄瓜、韭菜这都行。卖胡萝卜不行。

乙：胡萝卜怎么不行呢？

甲：红东西不准见。

乙：那它就那么长来的。

甲：你要卖也行啊，得做蓝套儿把它套起来。

乙：套上？我还没见过套上卖的呢？

甲：那年头儿吃辣椒都是青的。

乙：没有红的？

甲：谁家种了辣椒一看红了，摘下来，刨坑埋了，不要了。

乙：别埋呀，卖去呀！

甲：不够套儿钱！

乙：对了，那得多少套啊。

甲：商店挂牌子，底下有个红布条，红的，换蓝的。

乙：也得换蓝的？

甲：简直这么说吧，连酒糟鼻子、赤红脸儿都不许出门儿。

乙：那可没办法！这是皮肤的颜色！

甲：出门不行。我听我大爷说过，我大爷就是酒糟鼻子。

乙：鼻子是红的？

甲：出去买东西去啦。看街的过来，"啪"！就给一鞭子。赶紧站住了，"请大人安！""你怎么回事儿？"

乙：打完人问人怎么回事儿？

甲："没事呀，我买东西。""不知道国服吗？""知道！您看，没剃头哇。""没问你那个，这鼻子什么色儿？""鼻子是红了点儿，天生长的，不是现弄的。""不让出门儿。""不让出门儿不行啊！我妈病着，没人买东西啊！""要出门来也行啊，把鼻子染蓝了！"

乙：染了？

甲：那怎么染哪？

乙：那没法染。

你看看，慈禧活着折腾国人，死了也不让大家消停。就这么连续扰民一年，慈禧才正式出殡。停棺期间，除每天要烧纸祭奠外，逢年过节，还要举行盛大的祭礼。而为祭奠慈禧所打造的一只大法船，耗银十几万两。此船以上好木料作框架，外包绫罗绸缎。法船上楼台亭阁，一应俱全，且都是玉阶金瓦，珠璧交辉。船两侧扎有数十位栩栩如生的艄公，撑篙划船。如此耗费，不过就为了付之一炬，以示祭奠。

1909 年 11 月 16 日，慈禧正式下葬。从她断气到埋入陵墓，葬礼费时一年之久，耗费白银达一百五十万两。这个生前丧权辱国、挥霍无度的女人，死后仍要劳民伤财，甚至把大量财富带入地下。从慈禧的棺木说起，原材料为梓木，采自云南的原始森林。仅此一项，运费就高达数十万两白银。棺木的制作，亦颇费工时，先用一百匹高丽布缠裹衬垫，然后一遍一遍油漆，至四十九遍为止。与慈禧的随葬品比，棺木的耗费，简直就是毛毛雨。相信所有看了下面这组数据的人，都会瞠目结舌。

慈禧的随葬品由两部分组成，即生前置于墓中金井里的珍宝，与下葬时的随葬珍品。清宫档案《大行太皇太后升遐纪事档》载，慈禧生前先后向金井中置放了六批珍宝。其随棺的金银珠宝，同样叹为观止。李连英作为慈禧的终身侍从，亲自参加了慈禧棺中的葬宝仪式。详细过程，见于李连英口述，其侄子笔录的《爱月轩笔记》：

> 慈禧尸体入棺前，先在棺底铺三层金丝串珠锦褥和一层珍珠，共厚一尺。慈禧尸置荷叶、莲花之间，头部上首为翠荷叶，满绿碧透，精致无比，叶面上的筋络不是雕琢之工，均为天然长成；脚下置粉红碧玺莲花。头戴珍珠凤冠，冠上最大一颗珍珠重四两，大如鸡卵，价值一千万两白银，是件世间难得的瑰宝。慈禧身着金丝串珠彩绣袍褂。
>
> 慈禧盖的衾被上，有珍珠堆制成的大朵牡丹花，手镯是用钻石镶成的一大朵菊花和六朵小梅花连贯而成。身旁放金、红宝石、玉、翠雕佛爷二十七尊。脚下两边各放翡翠西瓜、甜瓜、白菜两棵；翡翠西瓜为绿皮红瓤，黑籽白丝；翡翠甜瓜一个是青皮白籽黄瓤，一个为白皮黄籽粉瓤；两棵翡翠白菜，都是绿叶白心，菜心上伏着一个满绿的蝈蝈，菜叶旁停落着两只黄色马蜂。
>
> 慈禧尸身左旁，放着一枝玉石制成的莲花，三节白玉石藕上，有天然的灰色泥污，节处生出绿荷叶，开出粉红色莲花，还有一个黑玉石荸荠。尸身右侧，放着一枝玉雕红珊瑚树，上绕青根绿叶红果的蟠桃一枝，树顶处停落一只翠鸟。还有宝石制成的桃、李、杏、枣二百多枚。身左放玉石莲花，身右放玉雕珊瑚树。另外，玉石骏马八尊，玉石十八罗汉，共计七百多件。
>
> 安葬完毕，又倒进四升珍珠和红、蓝宝石二千二百块，填补棺内空隙；四升珍珠中有八分大珠五百粒、二分珠一千粒、三分珠二千二百粒；宝石与珍珠约值银二百二十三万两。

《内务府簿册》载，慈禧棺中的珠宝玉器，无论在数量和种类上，都极为惊人，几乎是一个珠宝玉器大全。这些珍品，均系天然材料雕成，单是选料就极为难得，更不用说构思之匠心独运，雕琢之巧夺天工了。这一棺奇珍异宝的价值，据当时人估计，不算皇亲国戚、王公大臣私人的奉献，仅皇家随葬品入账者，即值五千万两白银！至于这些珍宝的艺术价值，那就更是无法估量，可谓价值连城。慈禧太后这一具棺椁，其珍宝之多，贵重之巨，堪称世界之最了。

慈禧出殡时，整个皇室倾巢出动，送葬队伍浩浩荡荡。最前面是六十四人组成的引幡队，举着花花绿绿的万民旗、万民伞。接着是一千多人的法架卤簿仪仗队，所举器物五花八门，如旗幡、刀枪、乐器、轿辇等。随后是由一百二十八人抬着慈禧的棺椁。皇家忌讳"死"字，因此棺材经过乔装打扮后，如同轿子一样，取名吉祥轿。棺椁后面跟着排成十路纵队的武装部队，最后则是由数千车辆组成的皇亲国戚及文武百官的车队。整个送行队伍绵延十几里。

在送葬队伍里，年老而多病的李连英，一路步行尾从。送葬的人不知凡几，只有他表现出非常忧虑的神色，他步履蹒跚，使人见而动心，忘记他曾经的罪恶。

> 作为一个老太婆的慈禧，走了；
> 作为一个独裁者的慈禧，走了；
> 作为一个嗜权者的慈禧，走了；
> 作为一个贪婪者的慈禧，走了。

争强好胜一辈子的慈禧，不甘心就这么一走了之，于是一下子就带走了上亿的金银珠宝。中国人常说："生不带来，死不带去。"然而，大家看看古代的帝王将相，看看眼前的老太婆慈禧，他们生前驱赶成千上万的百姓给他们大造活人墓，他们一蹬腿、一翘辫子，什么金银珠宝，一股脑儿地全带到坟墓里。他们生倒未带来什么，死却一定要带去大量珍宝。不过，这也产生了一个意想不到的好处，中国的绝大多数考古，全靠帝王将相们带进坟墓的那些东西支撑着了。当然，也养活了很多的盗墓贼。民国时期的大军阀孙殿英，就属于这类角色。1928 年 6 月，他命令工兵炸开慈禧墓室，将里面的随葬奇宝洗劫一空。慈禧机关算尽，最终也未能带走她想带走的宝物，真是可怜可叹！

可是，我又始终觉得慈禧是个有"福"之人。你看看晚清所经历的一件件大事，国际的，国内的，全让慈禧给赶上了——她五六岁的时候，鸦片战争；她执国的时候，先后赶上了太平天国之乱、英法联军火烧圆明园、清日甲午战争、义和团之乱、八国联军进攻北京；再加上她亲手发动的一场接一场的宫廷政变，有多少著名的英雄和狗熊与她同台起舞，有多少彪炳史册的名人和小人与她共历波澜。提起这个时期的事，少不了慈禧；提起这个时期的人，还少不了慈禧。所以我说，好了坏了，慈禧都与晚清的历史并存。一个人能与这么多大事、这么多有名的人纠缠在一起，在中国数千年的历史上，恐怕再也找不出第二个人来。

附表：清帝承继表

爱新觉罗氏	年号	庙号	在位年数	生卒	享年	承继关系	备注
福临	顺治	世祖	18	1638—1661	24	皇太极第九子	
玄烨	康熙	圣祖	61	1654—1722	69	福临第三子	
胤禛	雍正	世宗	13	1678—1735	58	玄烨第四子	
弘历	乾隆	高宗	60	1711—1799	89	胤禛第四子	
颙琰	嘉庆	仁宗	25	1760—1820	61	弘历第十五子	
旻宁	道光	宣宗	30	1782—1850	69	颙琰第二子	
奕詝	咸丰	文宗	11	1831—1861	31	旻宁第四子	
载淳	同治	穆宗	13	1856—1875	20	奕詝与慈禧所生	无后
载湉	光绪	德宗	34	1871—1908	38	老醇亲王奕譞之子，慈禧亲外甥	无后
溥仪	宣统		3	1906—1967	62	小醇亲王载沣长子	无后